V&R

classica

Kompetenzorientierte lateinische Lektüre
Herausgegeben von Peter Kuhlmann

Band 6:   Römische Philosophie: Epikur bei Cicero
            Bearbeitet von Peter Kuhlmann

Römische Philosophie: Epikur bei Cicero

Bearbeitet von Peter Kuhlmann

Vandenhoeck & Ruprecht

Bibliografische Information der Deutschen Nationalbibliothek

Die Deutsche Nationalbibliothek verzeichnet diese Publikation in der Deutschen Nationalbibliografie; detaillierte bibliografische Daten sind im Internet über http://dnb.d-nb.de abrufbar.

ISBN 978-3-525-71100-2

Umschlagabbildung: Gagafoto@online.de

Satz: SchwabScantechnik, Göttingen
Druck und Bindung: ⊕ Hubert & Co., Göttingen

Gedruckt auf alterungsbeständigem Papier.

Inhalt

III. Anhang

Liebe Schülerinnen und Schüler,

mit dieser Textausgabe lernen Sie die Lehren des griechischen Philosophen Epikur kennen – jedenfalls so, wie sie der Römer Cicero in seinem philosophischen Dialog *De finibus bonorum et malorum* literarisch dargestellt hat. In dieser Schrift präsentiert Cicero die jeweils größten Güter *(bona)* und Übel *(mala)* der verschiedenen philosophischen Schulen des Hellenismus. Die Lektüre läuft daher auf zwei Ebenen ab: Sie lernen auf der einen Seite das System des Epikureismus kennen, werden sich aber auf der anderen Seite mit der literarischen Form des philosophischen Dialogs befassen, wie sie von Cicero geprägt ist.

Die philosophischen Schriften von Cicero gehören eher zu den sprachlich und inhaltlich anspruchsvollen Texten und sind daher oft nicht leicht zu verstehen und zu übersetzen. Die Buchstaben A, B, C hinter den Überschriften geben Ihnen eine Einschätzung des Schwierigkeitsgrades:

A leicht/viele Hilfen;
B mittelschwer;
C schwierig/weniger Hilfen.

Hinweise zur Grammatik/wichtige Vokabeln: Vor der Lektüre können Sie die in der Fußzeile angegebenen Grammatikthemen und wichtige Vokabeln für das Textverständnis wiederholen. Dies hilft Ihnen, den entsprechenden Text leichter zu verstehen.

Lernvokabeln zu jedem Text befinden sich im Anhang der Ausgabe. Diese Auswahl ist zur Sicherung und Erweiterung Ihrer Wortschatzkenntnisse gedacht. Damit können Sie das Rüstzeug erarbeiten, um die Texte zu erschließen und kontextbezogen die passende Wortbedeutung zu finden. Wörter, die weder im Lernwortschatz enthalten noch als Hilfe angegeben sind, schlagen Sie im Wörterbuch nach.

Standards und Kompetenzen

Sprache: Ich kann ...

- das philosophische Fachvokabular im Text richtig übersetzen,
- unbekannte Vokabeln aus dem Zusammenhang oder durch Ableitung erschließen.

Text: Ich kann ...

- typische formale Merkmale des philosophischen Dialogs benennen und im Text nachweisen,
- Grundzüge der epikureischen Lehre im Text nachweisen,
- typische Wertbegriffe der römischen Oberschicht (u. a. *virtus, humanitas, amicitia*) aus dem Text herausarbeiten,
- die stilistische Gestaltung des Textes beschreiben und dabei auffällige Stilmittel benennen sowie ihre Funktion im Kontext erläutern,
- Themen, Aufbau und Gedankenführung des Textes unter Nennung sinntragender lateinischer Begriffe beschreiben.

Kultur: Ich kann ...

- die eudaimonistischen Elemente der hellenistischen Philosophenschulen erläutern,
- die zentralen Lehren des Epikureismus nennen und erläutern: Hedonismus, Atomlehre, Götterlehre, Ataraxie, Kampf gegen Todes- und Götterfurcht,
- die Lehren Epikurs mit römischen Wertvorstellungen vergleichen,
- epikureische Lehren mit modernen Vorstellungen vergleichen.

Interpretation ganz praktisch: Leitfragen für philosophische Texte

Sie können die Texte auch ganz selbstständig ohne Anleitung durch die Lehrkraft unter Verwendung von Leitfragen analysieren – hier ein paar Vorschläge:
- Welche Merkmale des philosophischen Dialogs liegen vor?
- Welche Stilmittel liegen vor und welche Funktion haben sie?
- Welche philosophischen Lehrsätze sind im Text nachweisbar?
- Wie ist der logische Ablauf/die Gedankenführung?
- Wie passen die philosophischen Lehren zu römischen Werten?
- Welche Gemeinsamkeiten/Unterschiede gibt es zu modernen Vorstellungen?

Cicero: Leben und Werk

Marcus Tullius Cicero stammt nicht aus der Hauptstadt Rom selbst, sondern aus der italischen Provinz: Er wurde im Jahr 106 v. Chr. rund 100 km südöstlich von Rom in Arpinum geboren. Seine Familie gehörte zur lokalen Oberschicht und damit auch zum Ritterstand, was eine Ausbildung Ciceros und seines um vier Jahre jüngeren Bruders Quintus in Rom möglich machte. Die Ausbildung und Erziehung übernahmen einige damals wichtige Politiker und Juristen aus der Schicht der römischen Patrizier. Für die Römer galt Cicero als sogenannter *homo novus,* d. h. er hat in Rom politisch Karriere gemacht und wurde Senator und Konsul, obgleich er nicht dem alteingesessenen stadtrömischen Adel entstammte.

Cicero-Büste, Kapitolinische Museen (Foto: Glauco92)

Nach der Ausbildung in Rhetorik, Recht und Philosophie wurde Cicero schon in jungen Jahren ein berühmter Redner: Der Durchbruch kam 70 v. Chr., als er in einem aufsehenerregenden Prozess Verres, den ehemaligen Provinzverwalter von Sizilien, wegen Amtsmissbrauchs und Ausplünderung der Provinz erfolgreich verklagte und Verres bereits kurz nach der Prozesseröffnung durch sein als Rede noch erhaltenes Anfangsplädoyer ins freiwillige Exil trieb. Cicero war zuvor (76) Quaestor in Sizilien gewesen und daher *patronus* der Bevölkerung Siziliens. Alle politischen Ämter erlangte Cicero in dem vorgesehenen Mindestalter *(suo anno):* So wurde er 69 Aedil, mit 40 Jahren Praetor und 63 im Alter von 43 Jahren Konsul. Neben den politischen Ämtern war Cicero auch Priester, d. h. er überwachte (ab 53) als Augur die Vogelschau vor wichtigen Staatshandlungen. Als Konsul deckte er die Verschwörung des verarmten Patriziers und vielfach vergeblichen Konsulatsbewerbers Catilina gegen den römischen Staat auf und bewirkte einen Senatsbeschluss zur Hinrichtung der Verschwörer; erhalten sind die vier Reden, die Cicero vor Senat und Volk gegen Catilina gehalten hatte. Nach römischem Recht gehörte die Vollstreckung solcher Todesurteile eigentlich auch in den Zuständigkeitsbereich der in diesem Fall nicht einberufenen Volksversammlung. Daher nutzten Ciceros Gegner diese Hinrichtung römischer Bürger für eine nachträgliche Anklage Ciceros, die ihn 58 ins Exil nach Griechenland (Thessalonike) trieb. In der Zeit der erzwungenen politischen Untätigkeit verfasste Cicero um 55–54 v. Chr. seine ersten rhetorischen und staatsphilosophischen Werke über den idealen Redner *(De oratore)* und den idealen Staat *(De re publica, De legibus).*

In Rom waren mittlerweile Pompeius, Crassus und v. a. Caesar (Konsulat: 59) die eigentlichen Entscheidungsträger geworden. Allerdings hielt das Bündnis dieser drei Politiker (Triumvirat) nicht lange, was ab 49 zum Ausbruch von Bürgerkriegen führte. Sieger der Bürgerkriege war Caesar; der Senat und damit die Optimatenpartei, zu denen Cicero gehörte, waren faktisch entmachtet. Cicero hatte im Bürgerkrieg die Senatspartei unter Pompeius sogar aktiv unterstützt.

Nach dem Sieg Caesars musste sich Cicero mit dem neuen Diktator arrangieren, war aber politisch wieder kaltgestellt. Ein weiterer persönlicher Schlag war der Tod seiner Tochter Tullia (45 v. Chr.), zu der Cicero eine enge Beziehung hatte. Caesar wurde schon 44 u. a. von dem Republikaner Brutus ermordet, was erneute Bürgerkriege auslöste. Brutus interessierte sich für stoische Philosophie und war eng mit Cicero befreundet: Er ist auch der Adressat der Schrift *De finibus.*

Cicero spielte nach Caesars Ermordung noch einmal für kurze Zeit eine wichtige Rolle in der Politik, allerdings gelang ihm die Rettung der Republik nicht. Im Gegenteil wurde er selbst 43 v. Chr. auf Befehl von Marcus Antonius ermordet. Kurz vor seinem Tode war Cicero noch erstaunlich produktiv und verfasste den größten Teil seiner philosophischen Schriften, die ihn über das erzwungene politische *otium* und den Tod seiner Tochter hinwegtrösten sollten: Philosophie diente Cicero als Lebenshilfe.

Neben dem Dialog *De finibus* entstanden in dieser Zeit z. B. die *Academica,* in denen sich Cicero als Anhänger der skeptischen Akademie zu erkennen gibt; die *Tusculanae disputationes* als fiktiver Dialog über stoische Tugenden und das Ertragen von Leid und Schmerz; die theologischen Dialoge *De natura deorum* und *De divinatione* mit einer skeptischen Einstellung gegenüber Göttern und Religion und *De officiis* mit einer Darstellung der stoischen Pflichtenlehre.

Ciceros *De finibus bonorum et malorum* als literarischer Dialog

Inhalt und Aufbau

Die Schrift entstand 45 v. Chr., also noch während der Diktatur Caesars. Cicero legt darin in fünf Büchern die Lehren der konkurrierenden hellenistischen Schulen zum jeweiligen »höchsten Gut« *(summum bonum)* dar. Die ersten beiden Bücher nehmen die Ausführungen zu Epikur, die Bücher 3 und 4 die Ausführungen zur Stoa und das letzte die Gedanken zur platonischen Akademie ein. Obwohl Cicero eigentlich ein Gegner der Epikureer ist, bleibt die Darstellung in *De finibus* doch relativ objektiv. Die gewählte Form der Darstellung ist der sogenannte »Aristotelische Dialog«, d. h. ein Dialog, der keinen lebendigen Sprecherwechsel wie bei Platon hat, sondern im Wesentlichen aus aufeinander folgenden längeren Lehrvorträgen besteht.

Der (fiktive) Dialog der Bücher 1–2 fand auf Ciceros Landgut bei Cumae in Kampanien 50 v. Chr. statt. Die Bücher 3–4 sind im Landhaus des jüngeren Lucullus in Tusculum (Albaner Berge bei Rom) angesiedelt, in dessen Bibliothek sich Cicero 52 v. Chr. mit dem Stoiker Cato d. J. über das höchste Gut der Stoa unterhalten haben will. Das letzte Buch spielt in Athen, wo sich Cicero mit Freunden und Verwandten aufhielt und dabei das Gelände der Platonischen Akademie besuchte. Es handelt sich also um idyllische bzw. für die Philosophiegeschichte bedeutende Orte als passenden Rahmen für die Gespräche. In den Landhäusern hatten die vornehmen Römer auch ihre Bibliotheken, denn aufgrund der vielfältigen Verpflichtungen und Amtsgeschäfte in Rom wäre eine Bibliothek in einem Stadthaus kaum nutzbar gewesen.

Die epikureische Lehre wird von Cicero selbst und dann von dem Gesprächspartner L. Manlius Torquatus dargelegt, einem Freund Ciceros, dessen Vater Cicero in seiner politischen Karriere schon unterstützt hatte. Dies macht deutlich, dass Cicero hier den Ausführungen mit einem gewissen Respekt und objektiver Fairness begegnet. In seinem Referat in Buch I und v. a. in Buch II verweist Cicero aber auch auf vorhandene Widersprüche und Schwächen des epikureischen Systems.

Aufbau des Dialogs *De finibus*

Cumae: 50 v. Chr.		Tusculum: 52 v. Chr.		Athen: 79 v. Chr.
I	II	III	IV	V
Lehre Epikurs (Lust, Tugend, Freundschaft)	Kritik an Epikur	Stoa (Tugend als Gut)	peripatetisch-akademische Kritik an Stoa (Güterlehre)	Peripatos und Akademie als optimale Lehren

Philosophie und Politik: Die Personen als Exempla politischer *virtus*

Die Sprecher der einzelnen Bücher in den Dialogen waren von Cicero mit Bedacht gewählt und lösten bei seinen römischen Lesern auch politische Assoziationen aus. In den Büchern tauchen folgende Sprecher als Ciceros Dialogpartner auf:

I–II:
- Lucius Manlius Torquatus (Epikureer): Angehöriger einer alten patrizischen *gens* und Caesar-Gegner; beging 46 bei Thapsus Selbstmord (wie Cato).
- Gaius Valerius Triarius: Kämpfte mit Pompeius für die Senatspartei gegen Caesar und fiel in der Schlacht bei Pharsalos 48 v. Chr.

III–IV:
- Marcus Porcius Cato: Stoiker und Onkel des Dialog-Adressaten Brutus; kämpfte im Bürgerkrieg gegen Caesar und beging 46 v. Chr. Selbstmord.

V:
- Marcus Pupius Piso Frugi Calpurnianus: Stammt aus einer alten patrizischen *gens*; Anhänger des Peripatos und enger Verbündeter des Pompeius; Todeszeit und -umstände unbekannt.
- Titus Pomponius Atticus: Ciceros engster Freund und Anhänger Epikurs; starb 32 v. Chr.
- Quintus Tullius Cicero: Bruder Ciceros; kämpfte im Bürgerkrieg gegen Caesar und wurde ebenfalls 43 v. Chr. auf Befehl von Marcus Antonius ermordet.
- Lucius Tullius Cicero: Ein Vetter von Cicero, starb bereits 68 v. Chr. in jungen Jahren.

Im Ganzen dominieren also politische Gegner Caesars, die dann auch Opfer in den Bürgerkriegen gegen den Diktator wurden. Damit hatte der Dialog trotz des unpolitischen Inhalts für die zeitgenössischen Leser aufgrund der Personen eine politische Botschaft im Sinne der Opposition gegen Caesar. In gewisser Weise schuf Cicero mit seinem Dialog den republikanischen Opfern der Bürgerkriege ein literarisches Denkmal für ihre politische *virtus*. Im Nachhinein verstärkte sich dieser Eindruck sicher noch mit der Ermordung Caesars durch den Adressaten Brutus – ein Jahr nach Erscheinen des Dialogs.

Chronologie der Dialoghandlung

Sonderbar ist auf den ersten Blick die Tatsache, dass Cicero das erste Gespräch zum Epikureismus ins Jahr 50 v. Chr. setzt und dann chronologisch in seinem Gesamtdialog bis ins Jahr 79 v. Chr. zurückgeht, denn normalerweise gehen auch literarische Texte in der Zeit vorwärts in Richtung Gegenwart. Bei der Schrift *De finibus* könnte dieses ungewöhnliche Vorgehen mehrere Gründe haben: Angesichts der für Cicero deprimierenden Gegenwart geht der Dialog zurück in eine bessere Vergangenheit, als die vorbildhaften Personen noch lebten. Zugleich sind die Orte mit den philosophischen Systemen symbolhaft verbunden: Kampanien mit seinem landschaftlichen Liebreiz galt als italische Region des Epikureismus, zumal dort eine epikureische Schule existierte. Mit Tusculum ist man zwar auch in einer Villen-Gegend, aber nahe am von bedeutenden Stoikern (Cato, Brutus) bewohnten Rom. Athen schließlich ist die Heimat Platons und damit für Cicero der Ursprungsort der Philosophie schlechthin. Mit dem Besuch der athenischen Akademie hat Cicero sozusagen seine philosophische Heimat gefunden, von der die späteren Philosophenschulen ihren Ursprung nahmen. Cicero nähert sich im Verlauf der Schrift gewissermaßen an seine eigene philosophische Richtung an, während Epikurs Lehre im ersten Buch am weitesten von seiner eigenen Meinung entfernt ist.

Wieso ein Dialog?

Cicero hätte in seinen philosophischen Schriften die Möglichkeit gehabt, die jeweiligen Systeme als Traktate, d.h. in sich geschlossene Abhandlungen, zu verfassen. Allerdings entschied er sich für die Form des literarischen Dialogs. Dies hat gleich mehrere Gründe: Zunächst einmal gab es hierfür eine literarische Tradition, denn schon Platon und Aristoteles, die beide wichtige Vorbilder für Cicero waren, verwendeten diese Form. Der Dialog ist für den Leser ansprechender als ein echter Traktat, zumal sich die philosophischen Traktate in der Antike an fachkundige Spezialisten richteten. Cicero wollte hingegen allgemein verständlich bleiben und möglichst von allen an Philosophie interessierten Römern gelesen werden. Diese erwarteten wiederum eine literarisch ansprechende Form, die mit dem Dialog gegeben ist. Schließlich passt die Dialogform auch gut zu Ciceros eigentlichem philosophischen Programm: Als Skeptiker war er ähnlich wie Platon der Meinung, man könne als Mensch die Wahrheit nicht ganz erreichen, sondern sich ihr nur in der Diskussion annähern. In den Dialogen werden verschiedene Standpunkte vorgestellt, aus denen der Leser sich seine Meinung bilden kann. Auf der anderen Seite geben die Dialoge Cicero aber auch die Möglichkeit, bestimmte von ihm abgelehnte Lehrmeinungen intensiv durchzudiskutieren, um so dann doch zu einer eigenständigen Auffassung zu kommen.

Solche philosophischen Dialoge sind übrigens auch in der Gegenwartsliteratur nicht unbeliebt. Beispiele sind etwa die als Dialoge oder Roman angelegten Bücher von Luciano de Crescenzo (»Geschichte der griechischen Philosophie: Von Sokrates bis Plotin«) oder Jostein Gaarder (»Sophies Welt. Ein Roman über die Geschichte der Philosophie«), in denen Kinder, Jugendliche oder philosophische Laien mit der Philosophie vertraut gemacht werden.

Dialogbeginn: Philosophie in Rom

1. Der Einstieg: Gruß an Brutus (Cic. fin. 1, 1–2; 10) (A)

Cicero spricht am Beginn seiner Schrift seinen Freund Brutus an, dem er den philosophischen Dialog auch widmet. Dabei nimmt er mögliche Kritik vorweg und erläutert seine Gründe, warum er diesen Dialog verfasst hat: Er will die Philosophie in lateinischer Sprache bekannt machen.

Non eram nescius[1], Brute,	**1 nōn sum nescius:** ich bin mir voll bewusst *(Litotes)*
cum ea,	
quae philosophi Graeci tractavissent,	
Latinis litteris mandaremus[2],	**2 Latīnīs litterīs mandāre:** ins Lateinische übertragen – **3 fore, ut**
5 fore[3],	(AcI *hängt ab von* nescius): dass es so kommen würde, dass
ut hic noster labor in varias reprehensiones incurreret.	
Nam quibusdam (non admodum[4] indoctis) totum hoc	**4 admodum:** gänzlich, sehr – **5 philosophārī:** *Der Infinitiv ist hier substantiviert*
philosophari[5] displicet.	
Quidam autem non tam id reprehendunt,	
10 si <philosophia> remissius[6] agatur;	**6 remissius:** eher nachlässig > mit dem rechten Maße
sed arbitrantur non tantum studium tamque multam operam ponendam <esse> in philosophando.	
Erunt etiam, et ii quidem[7] eruditi[8] Graecis litteris,	**7 et iī quidem:** und zwar – **8 ērudītus** + *Abl.:* gebildet in
contemnentes Latinas <litteras>,	
15 qui dicant	
se malle	
operam consumere in Graecis[9] legendis.	**9 Graecae <litterae>:** griechische Originaltexte
Postremo aliquos futuros <esse> suspicor,	
qui me ad alias litteras vocent;	
20 genus hoc scribendi,	
etsi sit elegans,	
personae[10] tamen et dignitatis esse negent;	**10 persōnae et dignitātis esse:** der Persönlichkeit und ihrer Würde entsprechen – **11 contrā aliquem dīcere:** *jdm.* etwas entgegnen –
contra[11] quos omnīs <esse> dicendum breviter existimo.	
Ego autem satis mirari non possum, unde sit hoc tam	**12 domesticus:** einheimisch (= römisch)
25 insolens domesticarum[12] rerum fastidium.	

Ita sentio et saepe disserui

Latinam linguam non modo non inopem[13],

ut vulgo putarent,

sed locupletiorem[14] etiam esse quam Graecam.

30 Quando enim nobis – aut oratoribus bonis aut poetis –

ullus orationis ornatus[15] defuit?

Ego vero debeo profecto in eo quoque elaborare[16],

ut sint operā, studio, labore meo doctiores cives mei.

13 **inops:** arm

14 **locuplēs,** -ētis: reich

15 **ōrnātus,** ūs: Schmuck

16 **in eō ēlabōrāre, ut:** darauf hinwirken, dass

---

1 Gliedern Sie den Text in Abschnitte und nennen Sie die Themen.

2 Erschließen Sie (ohne Wörterbuch) die Bedeutung des Ausdrucks *in reprehensiones incurrere* und finden Sie eine prägnante Übersetzung.

3 Arbeiten Sie heraus, welche Rolle die Philosophie (laut Cicero) bislang in Rom spielte.

4 Beschreiben Sie die Bedeutung, die Cicero jeweils der griechischen und der lateinischen Sprache zuweist.

5 Arbeiten Sie das Bild heraus, das Cicero von sich selbst zeichnet.

6 Cicero spricht im Text Brutus an, richtet sich aber (aufgrund der Publikation) an ein breites Lesepublikum: Stellen Sie Vermutungen darüber an, warum Cicero dennoch Brutus als Adressaten nennt.

K **Brutus**

Brutus war ein enger Freund Ciceros und wie sein Onkel Cato d. J. Anhänger der stoischen Philosophie. Er entstammte dem alten Patriziergeschlecht der *Bruti*. Diese *gens* leitete sich her von Iunius Brutus, den Begründer der römischen Republik, der den letzten etruskischen König Tarquinius Superbus aus Rom vertrieben hatte. Brutus gehörte zwar auch zu den Vertrauten des Diktators Caesar, beteiligte sich aber im Jahr 44 v. Chr. aufgrund seiner republikanischen Gesinnung maßgeblich an dessen Ermordung.

Münze, auf der Brutus als Caesarmörder gepriesen wird: Die Filzmütze rechts symbolisiert die »Freilassung« der von Caesar »versklavten« Römer. (Foto: © bpk | The Trustees oft he British Museum)

2. Philosophenschulen im Hellenismus: Akademie, Peripatos, Stoa

Auf der Suche nach dem individuellen Glück

Als wichtigster antiker Philosoph galt im Altertum Platon (427–347 v. Chr.) – der Philosoph schlechthin. Platon war der wichtigste Schüler des Sokrates. Platon hinterließ eine große Zahl von literarisch gestalteten philosophischen Dialogen, in denen häufig Sokrates als selbstironischer, aber weiser Sprecher auftritt. Sokrates zeigt seinen Mitdiskutanten und damit dem Leser der platonischen Dialoge, dass es eigentlich keine absolute Wahrheit gibt, sondern dass man sich der Wahrheit nur im Gespräch annähern kann.

In der Zeit des Hellenismus (ca. 330–1. Jh. v. Chr.) entwickelten sich miteinander konkurrierende Philosophenschulen, deren Hauptmerkmal die Suche nach dem individuellen und persönlichen Glück ist. Schon für Platon bildete die *eudaimonía* (»Glückseligkeit«, lat. *beātitūdō, vīta beāta*) ein zentrales Ziel im menschlichen Leben. Die hellenistischen Philosophien nennt man aufgrund ihrer Fixierung auf dieses Ziel häufig »eudaimonistisch«. Trotz dieser eher egozentrischen Ausrichtung bildete die Ethik als Anleitung zum richtigen Handeln einen zentralen Kern aller hellenistischen Philosophenschulen.

Akademie (Platon)

Platon gründete in Athen eine eigene Philosophenschule auf dem Akademos-Hügel, die danach »Akademie« genannt wurde. In der Akademie spielte im Hellenismus, also in der Zeit nach Platon, vor allem der Skeptizismus, aber auch die Rhetorik eine große Rolle. Ein berühmter Leiter der Akademie nach Platon war der Skeptiker Karnéades: Als er im Rahmen einer Philosophengesandtschaft 155 v. Chr. in Rom war, hielt er dort an einem Tag eine Rede zur Verteidigung der Gerechtigkeit; am folgenden Tage hingegen begründete er zum Entsetzen der konservativen Römer ebenso wortreich die Nutzlosigkeit der Gerechtigkeit. Diese Technik der Erörterung eines Sachverhalts von gegensätzlichen Standpunkten aus nannten die Römer *in utramque partem disputāre* (»in beide Richtungen erörtern«). Cicero war besonders von der Philosophie der Akademie beeinflusst und bezeichnete sich in einigen Dialogen auch ausdrücklich selbst als

Platon, römische Kopie eines griechischen Portraits, Glyptothek München.

Akademiker. Vor allem seine Darstellung philosophischer Themen als literarischer Dialog stammt letztlich aus der Schule der Akademie.

Aristoteles (384–322 v. Chr.)

Platons bedeutendster Schüler war Aristóteles. Er gründete eine eigene philosophische Schule in einer Athener Sportstätte (gr. *gymnásion*), die dem Apollon Lýkeios geweiht war und danach gr. *Lýkeion* bzw. lat. *Lycēum* genannt wurde. Aristoteles pflegte während seiner Vorlesungen umherzuwandeln (gr. *peripateîn*), weswegen man die Anhänger des Aristoteles auch »Peripatetiker« nennt; die philosophische Richtung wiederum nennt man oft »Perípatos« (= das Umhergehen). Aristoteles entwickelte die Systematik der Rhetorik und das logische Schlussfolgern weiter. Er definierte den Menschen als ein *zôon politikón* (ζῷον πολιτικόν), d. h. als ein im Prinzip soziales Wesen, das von Natur aus nach einem Leben in staatlicher Gemeinschaft strebt. Aristoteles schrieb (nicht mehr erhaltene) philosophische Dialoge, die anders als Platons Dialoge längere Abhandlungen der einzelnen Redner enthielten. Diese Dialogform war für Cicero ein wichtiges literarisches Vorbild. Als höchstes Gut der Peripatetiker wird in Ciceros Dialog das naturgemäße Leben *(secundum nātūram vīvere)* genannt, das sich aber jeweils individuell unterschiedlich gestalten kann.

Stoa

Die Stoa wurde um 300 v. Chr. von Zenon aus Kition (Zypern) in Athen gegründet. Benannt ist sie nach der bunt bemalten Säulenhalle (gr. *stoá poikílē*) auf dem Marktplatz von Athen, in der die Stoiker lehrten. Nach stoischer Lehre war das gesamte Weltgeschehen vom Schicksal (lat. *fātum*) vorherbestimmt. Typisch für die stoische Philosophie ist die Güterlehre: Danach gibt es echte Güter und irrelevante »Güter« (gr. *adiáphora*). Als höchstes Gut (lat. *summum bonum*) wird in der Regel die »Tugend« (gr. *areté*, lat. *virtūs*) definiert, die ganz konkret die richtige ethische Grundhaltung und das daraus resultierende moralisch verantwortliche Handeln bezeichnet. Eng verbunden mit der *virtūs* ist für die Stoiker die Vernunft (gr. *lógos*, lat. *ratiō*), die den Menschen zur moralisch korrekten Lebensführung (lat. *honestē vīvere*) anleitet. Alle äußeren »Güter« wie Reichtum, Erfolg u. ä., aber auch scheinbare »Übel« wie Krankheit, Armut etc., die keine Relevanz für die *virtūs* besitzen, gelten für den Stoiker als *adiáphora* und sind daher zu vernachlässigen. Wer sein Leben nach der *virtūs* ausrichtet, kann dadurch zur Glückseligkeit *(beātitūdō)* gelangen. Allerdings ist der dabei entstehende »Lustgewinn« nicht wie bei den Epikureern das Ziel, sondern nur ein Nebeneffekt des eigentlichen *summum bonum*.

Stoa des Attalos auf der Agora von Athen

3. Das Gespräch beginnt (Cic. fin. 1, 12–15) (B)

Cicero berichtet Brutus zunächst in einem einleitenden Absatz, wie er auf seinem Landgut bei Cumae in der idyllischen Landschaft Kampaniens Besuch von zwei Bekannten aus Rom bekam, nämlich von Torquatus und Triarius. Sie wollen von Cicero wissen, was er gegen die Lehre Epikurs einzuwenden hat: Hier beginnt der dialogische Teil.

Nos[1] hanc omnem quaestionem de finibus bonorum et
malorum fere a nobis explicatam esse his litteris arbitra-
mur; in quibus non modo, quid nobis[2] probaretur[3], sed
etiam, quid a singulis philosophiae disciplinis diceretur,
5 persecuti sumus[4].

Ut autem a facillimis ordiamur[5], prima veniat in medium
Epicuri ratio[6]: Accurate autem quondam a L. Torquato,
homine omni doctrina erudito[7], defensa est Epicuri
sententia de voluptate; et a me ei responsum <est>, cum
10 C. Triarius adolescens ei disputationi interesset. Nam cum
ad me in Cumanum[8] salutandi causa uterque venisset,
pauca primo inter nos de litteris <loquebamur>, quarum
summum studium erat in utroque.

Deinde *Torquatus:* »Quoniam nacti te«, inquit, »sumus ali-
15 quando otiosum, certe audiam, quid[9] sit, quod Epicurum
nostrum non tu quidem oderis, sed certe non probes; eum,
quem ego arbitror unum[10] vidisse verum maximisque
erroribus animos hominum liberavisse et omnia tradi-
disse, quae pertinerent ad bene beateque vivendum. Sed
20 existimo te minus ab eo delectari, quod ista orationis orna-
menta Platonis, Aristotelis, Theophrasti[11] neglexerit. Nam
illud quidem adduci[12] vix possum, ut ea, quae senserit
Epicurus, tibi non vera videantur.«

»Vide, quantum«, inquam, »fallaris[13], Torquate. Oratio me
25 istius philosophi non offendit. Nam dicit plane[14], quod[15]
intellegam. Re mihi non satisfacit, et quidem locis pluri-

1 **nōs** = egō (Cicero)

2 **nōbīs** = mihī – 3 **probārī**: richtig erscheinen

4 **persequī**: *hier:* darlegen

5 **ōrdīrī ab**: anfangen bei
6 **ratiō**: *hier:* Lehre
7 **ērudītus** + *Abl.*: (aus)gebildet in

8 **Cūmānum** <rūs>: (Ciceros) Landgut in Cumae

9 **quid est, quod** + *Konj.*: was ist der Grund dafür, dass

10 **ūnum**: *prädikativ* »als Einziger«

11 **Theophrastus**: Schüler des Aristoteles (*der Stil der drei hier genannten Philosophen galt als besonders gelungen*) – 12 **illud addūcī**: *wörtl.* zu <der Meinung> geführt werden → glauben –
13 **fallī**: sich täuschen – 14 **plānus**: klar – 15 **quod**: konsekutiver Rel.-Satz

bus. Sed quot homines, tot sententiae; falli[13] igitur possumus.«

Torquatus: »Quam ob rem tandem«, inquit, »non satisfa-

30 cit? Te enim iudicem aequum[16] puto, modo[17], quae dicat

ille[18], bene noris[19].«

1 *Vor der Lektüre:* Recherchieren Sie, wo Cumae liegt und welche Sehenswürdigkeiten es dort in der
   Antike gab.

2 Beschreiben Sie den Gesprächston und das sich daraus ergebende persönliche Verhältnis zwischen
   Cicero und Torquatus – beachten Sie hier auch das Verhalten Ciceros als Gastgeber.

3 Arbeiten Sie das Epikur-Bild des Torquatus aus dem Text heraus.

4 Erläutern Sie anhand der letzten Passagen, welche Rolle Cicero offenbar dem guten Sprachstil
   zuwies.

K *Villae suburbanae* in Kampanien

Cicero siedelt seinen (fiktiven) Dialog auf seinem Landgut *(villa suburbana)* in Cumae an.
Solche oft luxuriös ausgestatteten Landgüter dienten der Oberschicht sowohl zur Repräsenta-
tion als auch zur gepflegten Muße nach den anstrengenden Staatsgeschäften. Dieser Rahmen
passt gut zur epikureischen Lehre, in Kampanien gab es eine berühmte epikureische Schule

unter Leitung des grie-
chischen Philosophen
Siron. Zugleich sind
diese Villen auf dem
Lande der ideale Ort
für freundschaftliche
Gespräche in einem
entspannten *otium,*
das gut zu Epikurs
»Garten« und seiner
Lehre von der *volup-
tas* passt.

Villa dei Misteri (Pompeji) als Beispiel einer Landvilla zur Zeit Ciceros
(Foto: © Wikimedia Commons).

4. Epikur und seine Lehre

Epikur wurde 341 v. Chr. auf Samos geboren. Er gründete 307 v. Chr. in Athen den »Garten« (gr. *kēpos*), seine philosophische Schule, die in Konkurrenz zur platonischen Akademie und zum aristotelischen Peripatos stand. Um 271/70 v. Chr. starb Epikur nach langer Krankheit.

Erhalten von Epikurs Schriften sind: Lehrbriefe mit einer Darstellung der Lehre; Lehrsätze mit den »Hauptlehren« (gr. *kýriai dóxai*); daneben sind einige verkohlte Papyrusfragmente seines Werks »Über die Natur« (gr. *perì phýseōs*) bei Ausgrabungen in Herculaneum gefunden worden.

Zentrale Punkte der Lehre

a) Naturphilosophie

Zentral sind die von Demokrit übernommene Atomlehre und die mechanistische und rein materialistische Natur- und Welterklärung, die ohne irrational-übernatürliche Einflüsse (z. B. durch Götter) auskommt. Alles in der Welt einschließlich der Götter oder der Seele besteht aus Atomen, die sich im Vakuum bewegen. Aus der Zusammenballung von Atomen entstehen Körper und Substanzen. Ähnlich wie in der Evolutionslehre entsteht alles nach dem Zufallsprinzip, aber streng naturgesetzlich. Damit ergibt sich ein Gegensatz zur Stoa, nach der alles Weltgeschehen vom Schicksal gelenkt ist. Im Gegensatz zum stoischen Fatum ging Epikur von der Freiheit des Willens und Handelns aus.

b) Seelenlehre

Im Zentrum steht die Seelenruhe (gr. *ataraxía*; lat. *tranquillitas/sedatio animi*). Erreicht wird sie durch die Befreiung der Seele von irrationalen Ängsten, besonders vor dem Tod. Der Tod besteht nach Epikur in der Auflösung des Körpers und der materiell gedachten Seele in die einzelnen Atome. Nach dem Tod ist keine Wahrnehmung mehr möglich; es gibt also kein Leben nach dem Tod; daher betrifft der Tod den Menschen gar nicht. Anders als bei Platon existiert für Epikur keine unsterbliche, immateriell gedachte Seele.

c) Götterlehre

Die Götter existieren und sind glückselig sowie unvergänglich, kümmern sich aber nicht um den Menschen oder das Weltgeschehen (sog. »Deismus«). Dennoch sind die Götter nicht irrelevant für das menschliche Leben: Sie dienen dem Menschen als Vorbilder in ihrer Glückseligkeit und Seelenruhe, die auch der Mensch durch eine Angleichung an die Götter erreichen will; die Götter verdienen daher den ehrfürchtigen Respekt der Menschen, auch wenn ein spezieller Kult mit religiösen Ritualen nicht erforderlich ist.

d) Wahrnehmungslehre

Epikur vertrat eine Art »Empirismus«, d. h. allein die sinnliche Wahrnehmung kann dem Menschen Aufschluss über das Wesen der Dinge geben. Um Missdeutungen und Sinnestäuschungen vorzubeugen, muss aber der denkende Geist hinzugenommen werden. Die Gegenstände sondern feine »Bilder« (gr. *eídōla*) aus Atomen ab, die sich auf den Rezeptoren niederschlagen und so zu Sinneseindrücken führen. Damit ergibt sich ein scharfer Gegensatz zu Platons Ideenlehre, in der das »wahre Sein« nur durch das Denken und gerade nicht durch sinnliche Wahrnehmung erfasst werden kann.

e) Ethik
Vier Mittel (das sog. »Tetrapharmakon«) führen zum glückseligen Leben, nämlich die richtige, d.h. mithilfe der Vernunft *(ratiō)* gewonnene Auffassung
1. von der Natur der Götter,
2. vom Tod,
3. von der *hēdoné,*
4. vom Leiden.

Motor und zugleich Ziel aller Handlungen ist die »Lust« (gr. *hēdoné;* lat. *voluptās).* Diese *hēdoné* bezeichnet das Wohlbefinden des Körpers und der Seele. Gemeint ist nicht hemmungslose Lust, sondern die Freiheit von Schmerz und seelischer Erschütterung. Der Weise lebt maßvoll, da exzessive Lust für den Augenblick zwar Befriedigung schafft, langfristig aber zu Schmerz und Unlust führen kann. Zu meiden ist alles, was die Seelenruhe beeinträchtigt und zu Unlust führt, z.B. die Ehe und politische Betätigung. Der Weise »lebt im Verborgenen« (gr. *láthe biósās).* Dies widerspricht der Stoa, die gegen den »Hedonismus« Epikurs heftig polemisiert: Nach der Stoa ist das höchste Gut die Tugend *(virtūs),* die zwar mit Lust verbunden sein kann, aber nicht muss.

(Cartoon: © Peter Löwenhagen)

1 Was würde Epikur dem Jungen oder dem Mädchen raten?

2 Nennen Sie Punkte aus Epikurs Lehre, die Ihnen entweder plausibel oder unplausibel erscheinen.

5. Cicero und der Epikureismus

Cicero steht als Anhänger der Akademie und Freund der Peripatetiker in klarem Gegensatz zu Epikur: Dessen dogmatisches System läuft Ciceros Skeptizismus grundsätzlich zuwider. Auch Epikurs Vorstellung, dass die Welt vom Zufall regiert wird, akzeptiert Cicero nicht, da er sich keine Entstehung des komplexen Kosmos ohne ein höheres Gestaltungsprinzip denken kann.

Besonders stößt die Tugend- und »Lust«-Lehre Epikurs auf Ciceros Kritik, der hier von der Stoa geprägt ist: Das rein individualistische Glück nach dem Prinzip »Lebe im Verborgenen« (gr. *láthe biósās*) ohne Verantwortung für das Staatswesen ist für den aktiven Politiker nicht akzeptabel. Nach Cicero ist die von Epikur geforderte Vermeidung von Schmerz und Unlust mit der selbstlosen Opferbereitschaft für die Gemeinschaft oder allgemein um der Tugend willen nicht vereinbar: Ein freiwilliges Opfer durch Folter oder Verlust des Lebens (z. B. zur Verteidigung der Freiheit) kann nach Meinung der Stoiker und auch Ciceros keine Lust erzeugen und wäre so nach epikureischer Lehre sinnlos.

Es stellt sich aber die Frage, ob Epikur in manchen Punkten nicht doch recht hat und wie man überhaupt »Lust« definiert: Wer sich freiwillig um eines höheren Gutes willen opfert oder Unannehmlichkeiten in Kauf nimmt, hat die freie Wahl, dies auch zu unterlassen. Das Motiv für die (nach Epikur) freie Entscheidung bzw. das Opfer muss psychologisch eine Erklärung haben. Der Antrieb dafür liegt offenbar in einer Art »Lustgewinn« bzw. einer Zufriedenheit mit der für richtig gehaltenen Entscheidung oder dem persönlichen Opfer; die Alternative wäre eine potentielle Unzufriedenheit (d. h. »Unlust«) – z. B. in Form eines schlechten Gewissens, falls man aus Bequemlichkeit Unannehmlichkeiten oder persönliche Opfer vermieden hätte.

Wertvorstellungen der römischen Gesellschaft

In der römischen Gesellschaft spielte ein von republikanischer Zeit bis in die Spätantike relativ konstanter Wertekanon eine zentrale Rolle. Das, was den idealen Mann ausmacht, bezeichnete man als *virtūs*. Dazu gehören militärische Leistungen und politisches Engagement im Dienst an der *rēs pūblica*, was alles *honōs* einbrachte und daher als *hones-tum* (»ehrenvoll«) galt. Diese Werte wurden sogar seit der mittleren Republik bis in die Spätantike vergöttlicht und mit kultischen Ehren versehen.

Aufgrund dieser Werte oder »Tugenden« (*virtūtēs*) erlangten die Mitglieder der Nobilität wiederum Ruhm (*glōria, fāma*) zu Lebzeiten und Nachruhm (*memoria*) bei ihren Nachfahren (*posteritās*). Unsterblichkeit (*immortālitās*)

Vergöttlichter Honos auf einer kaiserzeitlichen Goldmünze (2. Jh. n. Chr.) (Foto: © bpk/Münzkabinett, Staatliche Museen zu Berlin/Reinhard Saczewski)

konnte man nach römischer Auffassung nur durch dieses Weiterleben in der Erinnerung der Nachwelt erwerben. Im Bereich der Religion war die Verehrung der Götter zentral für die Römer, weil man sich durch die richtige Ausführung kultischer Handlungen *(cultus deōrum)* göttliche Hilfe für das Staatswohl versprach. Im Sozialen war die Beachtung der Ständegrenzen von großer Bedeutung: So waren z.B. Ämter in Politik und Kult an die Zugehörigkeit zu einem bestimmten Stand gebunden. Dafür war im sozialen und politischen Bereich die *amīcitia* im Sinne politischer »Freundschaften« wichtig: Man schloss Zweckbündnisse, um gemeinsame politische Interessen zu verfolgen.

Im Epikureismus spielen diese Wertvorstellungen zum Teil keine oder eine andere Rolle oder sie laufen sogar der Philosophie Epikurs zuwider.

1 Vergleichen Sie die Lehren Epikurs mit den römischen Wertvorstellungen und nennen Sie die wichtigsten Unterschiede.

2 Vergleichen Sie die römischen Werte mit Wertvorstellungen unserer Zeit: Gibt es hier Gemeinsamkeiten oder Unterschiede?

Spätantiker Altar für die Dea Virtus, Köln (Foto: © Wikimedia Commons)

Atomlehre

1. Atomlehre – ein kniffliges Thema (Cic. fin. 1,17–18) (C)

Cicero drängt sich nun als Sprecher in den Vordergrund und legt aus seiner (skeptischen) Sicht die Grundsätze der epikureischen Atomlehre mit ihren Widersprüchen dar. Dabei wird es sehr naturwissenschaftlich …

<*Torquatus:*> »Quid igitur est?« inquit, »Audire enim

cupio, quid non probes.«

»Principio,« inquam, »<Epicurus> in physicis[1], quibus

maxime gloriatur, primum totus est alienus[2].

5 Democritea[3] dicit[4] perpauca mutans,

sed ita,

ut ea,

quae corrigere vult,

mihi quidem depravare[5] videatur.

10 Ille[6] censet

atomos

(id est: corpora individua[7] propter soliditatem[8]),

in infinito inani[9],

in quo nihil nec summum[10] nec infimum[11] nec medium

15 nec ultimum nec extremum sit,

ita ferri[12],

ut concursionibus[13] inter se cohaerescant[14];

ex quo efficiantur ea, quae sint,

quaeque cernantur, omnia,

20 eumque motum atomorum convenire[15] a nullo principio,

sed ex aeterno tempore <convenire> intellegi[16].

Epicurus autem, in quibus sequitur Democritum, non

fere labitur[17].

Utriusque[18] cum[19] multa non probo, tum[19] illud imprimis,

25 quod,

1 **physica**, ōrum: Naturwissenschaft – 2 **aliēnus**: *hier:* sonderbar – 3 **Dēmocritēa**, ōrum: Lehren des Demokrit *(hatte die Atomlehre entwickelt)* – 4 **dīcit:** *Subjekt ist Epikur* – 5 **dēprāvāre:** verschlechtern

6 **ille:** = Demokrit – 7 **indīviduus:** unteilbar – 8 **sōdālitās:** (physikalische) Dichte – 9 **ināne** *n.:* leerer Raum, Vakuum – 10 **summum:** oben – 11 **īnfimum:** unten

12 **ferrī:** sich bewegen – 13 **concursiō:** Zusammenstoß – 14 **cohaerēscere:** sich verbinden – 15 **convenīre:** *hier:* sich vollziehen – 16 **intellegī** = *Prädikats-Infinitiv in der indirekten Rede; abhängig von* cēnset: <er glaubt> man müsse verstehen, dass sie …

17 **lābī:** irren – 18 **utrīusque:** bei beiden – 19 **cum – tum:** ohnehin schon – aber besonders

AcI; ind. Rede; Passiv – inquam; probare; censere; cernere; uterque/quisque

cum[20] in rerum natura duo[21] quaerenda[22] sint,

unum,

   quae materia sit,

      ex qua quaeque res efficiatur,

30 alterum,

   quae vis sit, quae quidque efficiat,

de materia disseruerunt[23];

<sed> vim et causam efficiendi reliquerunt.

Sed hoc commune[24] vitium <est>; illae <sunt> Epicuri

35 propriae ruinae[25]: Censet enim eadem illa individua[7] et

solida[26] corpora ferri[12] deorsum[27] suo pondere ad lineam[28];

hunc naturalem esse omnium corporum motum.«

20 cum: obwohl – **21 duo:** *hier etwa* zwei Punkte – **22 quaerere:** untersuchen, erforschen – **23 disserere dē:** *etwas* erörtern, behandeln

24 commūnis: *(beiden, nämlich Epikur und Demokrit)* gemeinsam – **25 ruīna:** *hier:* katastrophaler Irrtum – **26 solidus:** dicht, kompakt – **27 deorsum:** nach unten – **28 ad līneam:** senkrecht

1 *Vor der Übersetzung:* Informieren Sie sich über die antiken Ansichten zur Bewegung der Atome (S. 28 f.). Weisen Sie im Text das Sachfeld »naturwissenschaftliches Vokabular« nach.

2 Stellen Sie die wichtigsten Punkte der antiken Atomlehre aus Ciceros Referat zusammen.

3 *Vokabeln erschließen:* Viele scheinbar unbekannte Vokabeln lassen sich entweder durch Fremdwörter erschließen (*atomus* > Atom) oder von Lernvokabeln ableiten (*mōtus* »Bewegung« < *movēre*). Leiten Sie entsprechend ab: *physica, glōriārī, indīviduus, solidus/soliditās, īnfīnītus, concursiō, cohaerēre.*

S | Kleine Wörter: *uterque* »beide«, *quisque* »jeder«

uterque, utraque, utrumque bedeutet wörtlich »jeder/jede/jedes von beiden« oder einfacher »beide(s)«. Die Endungen des Pronomens befinden sich vor der Partikel *-que:* Gen. *utrīusque*, Dat. *utrīque* etc.; im Satz hat *uterque* als Subjekt im Lateinischen ein Prädikat im Singular, das deutsche »beide« aber im Plural: *uterque errat:* beide irren.

quisque, quidque bedeutet »jeder Einzelne (jeweils)«; im Gegensatz zu *omnis* hebt dieses Pronomen das jeweils Einzelne besonders hervor. Außerdem steht *quisque* enklitisch, d. h. es folgt nach betonten Wörtern, wie z. B. anderen Pronomina oder Subjunktionen: *quae quidque efficit:* was jedes (jeweils) bewirkt.

Man muss dieses Pronomen sorgfältig vom Relativpronomen + *-que* »und« unterscheiden: *ea, quae sunt quaeque cernuntur:* … und was man wahrnimmt.

2. Schwächen in Epikurs Atomlehre (Cic. fin. 1,19–21) (B/C)

Cicero legt im Folgenden nicht ohne Ironie die Widersprüche der epikureischen Atomlehre dar. Besonders polemisiert er gegen die Lehre von der willkürlichen Abweichung in der Atom-Bewegung (gr. parénklisis, *lat.* dēclīnātiō*).*

<Cicero:> »Deinde ibidem homo[1] acutus[2],

cum illud <ei> ocurreret[3], si omnia deorsus[4] e regione[5]

ferrentur et ad lineam[6], numquam fore[7], ut atomus altera

alteram posset attingere,

5 itaque attulit rem commenticiam[8]:

Declinare[9] dixit atomum perpaulum; ita effici com-

plexiones et copulationes et adhaesiones atomorum inter

se, ex quo efficeretur mundus omnesque partes mundi,

quaeque in eo essent.

10 Quae cum[10] tota res est ficta[11] pueriliter[12], tum[10] ne efficit

quidem, quod vult:

Nam et ipsa declinatio[13] ad libidinem[14] fingitur[11]: Ait

enim declinare[9] atomum sine causa; quo[15] nihil turpius

physico[16] <est> quam dicere quicquam fieri sine causa;

15 et illum motum naturalem omnium ponderum[17] e

regione[5] inferiorem locum petentium sine causa eripuit

atomis,

nec tamen id, cuius causā haec finxerat[11], assecutus est.

Nam si omnes atomi declinabunt[9], nullae umquam cohae-

20 rescent[18];

sive[19] aliae declinabunt[9], aliae suo nutu[20] recte[21] ferentur,

primum erit[22] hoc quasi provincias[23] atomis dare, quae[24]

recte, quae oblique ferantur;

deinde eadem illa atomorum turbulenta concursio[25] hunc

25 mundi ornatum[26] efficere non poterit.

Ita <Epicurus> ea, quae mutat, corrumpit; quae sequi-

tur[27], sunt tota Democriti: atomi, inane[28], imagines, quae

---

1 **homō:** *gemeint ist Epikur; Prädikat zu* homō *ist* attulit – 2 **acūtus:** scharfsinnig – 3 **occurrere:** auffallen – 4 **deorsus:** nach unten – 5 **ē regiōne:** *hier:* von oben aus – 6 **ad līneam:** senkrecht – 7 **fore ut:** (dass es) geschehen würde, dass (*AcI abhängig von* occurreret) – 8 **commentīcius:** (selbst) ausgedacht – 9 **dēclīnāre:** (in der Bewegung) abweichen

10 **cum – tum:** ohnehin schon – aber vor allem – 11 **fingere,** finxī, fictum: erfinden – 12 **puerīliter:** in kindischer Weise – 13 **dēclīnātiō:** (Bewegungs-)Abweichung – 14 **ad libīdinem:** willkürlich – 15 **quō:** im Vergleich zu dieser Aussage – 16 **physicus:** Naturforscher – 17 **pondus,** eris: *hier:* schwerer Körper

18 **cohaerēscere:** sich verbinden – 19 **sīve:** oder wenn – 20 **suō nūtū:** durch (ihre) Schwerkraft – 21 **rēctē:** senkrecht – 22 **erit** (Hauptsatz): *hier:* (dann) bedeutet das – 23 **prōvincia:** Aufgabenbereich – 24 **quae … ferantur:** wobei sich die einen Atome senkrecht, die anderen schräg bewegen – 25 **concursiō:** Zusammenprall – 26 **ōrnātus:** schöne Ordnung – 27 **quae sequitur:** worin er (ihm) folgt – 28 **ināne:** leerer Raum, Vakuum

| AcI; ind. Rede; Komparativ – mundus; atomus; totus; quisquam

εἴδωλα[29] nominant, quorum incursione[30] non solum videamus[31], sed etiam cogitemus[31]; infinitio[32] ipsa, quam ἀπειρίαν[32] vocant, tota ab illo est, tum innumerabiles mundi, qui et oriantur et intereant cotidie.«

30

29 *eídōla:* Abbilder – **30 incursiō:** Auftreffen (auf die Augen) – **31 videāmus/cōgitēmus:** *Konjunktiv bezeichnet die fremde Meinung* → dt. »angeblich« – **32 īnfīnītiō/apeiría:** Unendlichkeit

1 *Vor der Übersetzung:* Machen Sie sich anhand der Informationen auf S. 28 f. mit Epikurs Parenklisis- und Wahrnehmungslehre vertraut; Suchen Sie nach Hinweisen auf diese Lehren im Text (z. B. aufgrund des Vokabulars).

2 Beschreiben Sie Stil und Sprache des Abschnitts (z. B. unter den Aspekten: Verständlichkeit, Klarheit, Fachsprachlichkeit u. ä.).

3 Erläutern Sie Ciceros Kritik an Epikurs Lehre von der Bewegung der Atome.

4 Innerhalb der Textebene richten sich Ciceros Ausführungen an den epikureischen Dialogpartner Torquatus, aufgrund der Publikation der Schrift aber natürlich an ein breiteres Lesepublikum: Diskutieren Sie ausgehend vom Text, inwieweit Cicero beim Leser Vorwissen zur epikureischen Atomlehre voraussetzt oder auch nicht.

5 *Vokabeln erschließen:* Der Text enthält einige z. T. auch für römische Leser neue Fachtermini; versuchen Sie folgende Wörter (z. B. über Fremdwörter, engl. Vokabeln) zu erschließen oder abzuleiten: *complexiō, cōpulātiō, adhaesiō, incursiō, īnfīnītiō.*

S *efficere* – ein vieldeutiges Wort

Im Text taucht mehrmals das Verb *efficere* auf: Wörtlich bedeutet es etwa »heraus-/zu Ende bringen«. Überlegen Sie sich jeweils verschiedene kontextgerechte (freie) deutsche Übersetzungen – für die passiven Formen können Sie aktive Bedeutungen nehmen:
complexiones efficiuntur: Verbindungen …
mundus efficitur: die Welt …
Epicurus non efficit, quod vult: Epikur … nicht, was er will.
Epicurus mundi ornatum non efficit: Epikur … nicht die schöne Ordnung der Welt.

3. Epikurs Lehre von der Parenklisis

Die kleinsten unteilbaren Teilchen

Schon die Philosophen Leukipp (5. Jh. v. Chr.) und Demokrit (ca. 460–370 v. Chr.) hatten die Lehre von den Atomen als kleinsten un-teil-baren (gr. *a-tom-os*) Teilchen entwickelt. Die Atome bewegen sich im leeren Raum und ballen sich bei ihren Zusammenstößen zu Materie zusammen.

Jegliche Materie bestand nach dieser antiken Lehre aus diesen kleinsten Teilchen; zwischen den Atomen existierte dagegen nur der luftleere Raum bzw. das Vakuum. Abgesehen vom Vakuum wurde alles als materiell gedacht, auch die menschliche Seele, die sich beim Tod wieder in ihre einzelnen Atome auflöse. Die jeweilige Zusammensetzung materieller Substanzen aus ihren Atomen bestimmt nach Demokrits Lehre auch deren physikalische Eigenschaften wie Dichte, Festigkeit, Gewicht, Geruch, Geschmack oder Farbe.

Bewegung der Atome

Bei der Lehre von Leukipp und Demokrit ergab sich ein logisches Problem: Warum stießen die Atome überhaupt zusammen? Aufgrund der Schwerkraft musste man annehmen, dass alle Atome parallel zueinander in die gleiche Richtung »fallen« bzw. sich bewegen. Daher nahm Epikur zur Lösung dieses physikalischen Problems an, einige Atome würden durch Zufall ihre Richtung ändern und so auf andere Atome prallen, dass dann Zusammenballungen von Atomen entstünden. Diese zufallsbedingte Ablenkung der Atome nannte Epikur auf Griechisch *parénklisis* (»Ablenkung«).

Doch auch hier ergibt sich wieder ein neues logisches Problem: Eigentlich nahmen Leukipp, Demokrit und Epikur gleichermaßen an, alles im Kosmos vollziehe sich streng logisch nach Naturgesetzen und sei daher rational nachvollziehbar. Die Abweichung in der Bewegung von Atomen dagegen wurde von Epikur nicht rational bzw. physikalisch plausibel erklärt, was naturgemäß Anlass für Kritik an dieser Lehre gab.

(Peter Kunzmann/Franz-Peter Burkard: dtv-Atlas Philosophie. Grafische Gestaltung der Abbildungen von Axel Weiß. © 1991, 2011 Deutscher Taschenbuch Verlag, München.)

Atomlehre in Rom

Auf der anderen Seite scheint die Lehre von der Zusammensetzung der Materie aus Atomen in der Antike durchaus eine gängige physikalische Vorstellung gewesen zu sein. In Rom greift der Philosoph und Dichter Lukrez (jüngerer Zeitgenosse Ciceros) in seinem epikureischen Lehrgedicht *De rerum natura* (ca. 50 v. Chr.) einige Jahre vor Ciceros Dialog *De finibus* Epikurs Atomlehre auf und erläutert sie zum ersten Mal ausführlich in lateinischer Sprache. Cicero ist zwar ein Gegner der epikureischen Lehre und kritisiert entsprechend die für ihn unlogischen Elemente der Parenklisis. Andererseits äußert er keine Kritik an der Atomlehre als solcher. Im Gegenteil macht der ganze Textabschnitt den Eindruck, Cicero halte Demokrits Auffassung für richtig oder zumindest für besser als die Epikurs. Allerdings bietet Cicero auch keine Alternativerklärung für das Problem, wie sich die Zusammenballung der Atome und damit die Entstehung von Materie erklärt.

Aufgrund der lateinischen Darstellungen von Lukrez und Cicero blieb die antike Atomlehre über das Mittelalter bis in die Neuzeit hinein bekannt. Die neuzeitlichen Naturwissenschaftler hatten im 18. und 19. Jh. in der Regel Lateinschulen bzw. humanistische Gymnasien besucht und konnten dort die antike Atomlehre kennenlernen. Von daher ergibt sich eine direkte Traditionslehre von der antiken bis zur modernen Naturwissenschaft.

Vakuum und Welten

Epikur nahm weiter an, dass die Zahl der Atome unendlich sei – ebenso natürlich das Vakuum bzw. der leere Raum. Aufgrund dieser Annahmen kam er zu der Auffassung, es müsse auch mehrere parallel existierende Welten und nicht nur einen Kosmos geben. Diese Lehre wird auch am Schluss des letzten Cicero-Textes zitiert (gr. *apeiría* bzw. lat. *īnfīnītiō*).

Atome und Wahrnehmung

Epikurs Wahrnehmungslehre und Erkenntnistheorie geht ebenfalls von den Atomen aus: Er nahm die Existenz von »Bildern« (gr. *eídōla*, lat. *imāginēs*) an, die die Gegenstände als Abfluss von Atomen in den Raum abgeben und die auf die menschlichen Wahrnehmungsorgane (z. B. Augen) treffen. Diese Bilder, die der Mensch wahrnimmt, führen dann im Gehirn zu »Vorbegriffen«, die wiederum weitere Grundlagen des menschlichen Denkens bilden.

---

1 Vergleichen Sie Epikurs Auffassungen mit modernen naturwissenschaftlichen Erkenntnissen: Wo gibt es Unterschiede, wo Übereinstimmungen?

2 Recherchieren Sie, wann und wie in etwa das moderne Modell der Atomlehre entwickelt wurde.

Die Lehre von der »Lust«

1. Themenwechsel: *voluptas* als *summum bonum* (Cic. fin. 1,29) (A)

Nach Ciceros langem Referat zur epikureischen Atomlehre beklagen sich Ciceros Gäste Triarius und Torquatus etwas über dessen Polemik; aber die drei einigen sich darauf, höflich zu bleiben und nun das Thema zu wechseln: Torquatus fragt Cicero, ob er Epikurs Lehre von der »Lust« bzw. voluptās *(gr.* hēdoné) *darstellen soll. Cicero antwortet:*

»Certe,« inquam, »pertinax[1] non ero; tibique, si mihi pro-   **1 pertināx:** widerspenstig

babis ea, quae dices, libenter assentiar.«

Torquatus: »Probabo,« inquit, modo[2] sis ista aequitate[3],   **2 modo** + *Konj.:* wenn nur –

quam ostendis. Sed uti oratione perpetua malo quam   **3 aequitās:** Fairness

5 interrogare aut interrogari.

»Ut placet,« inquam.

Tum <*Torquatus*> dicere exorsus est[4]:   **4 exōrdīrī,** -ōrdior, -ōrsus sum: anfangen – **5 auctōrī** = Epicūrō –

»Primum igitur,« inquit, »sic agam, ut ipsi auctori[5] huius   **6 disciplīna:** Lehre

disciplinae[6] placet:

10 Constituam,

quid et quale sit id,

de quo quaerimus;

non quo[7] ignorare vos arbitrer,   **7 nōn quō** + *Konj.:* nicht als ob; nicht dass – **8 ratiōne et viā:** methodisch und strukturiert

sed ut ratione[8] et via procedat oratio <mea>.

15 Quaerimus igitur,

quid sit extremum et ultimum bonorum,

quod omnium philosophorum sententiā tale debet esse,

ut ad id omnia referri[9] oporteat,   **9 referre ad:** beziehen auf, ableiten von – **10 ipsum:** *nämlich* »das Gut«

ipsum[10] autem nusquam <referre oporteat>.

20 Hoc Epicurus in voluptate ponit,

quod summum bonum esse vult,

summumque malum dolorem ...«

1 *Vor der Übersetzung:* Informieren Sie sich über die höchsten Güter *(summa bona)* der verschiedenen Philosophenschulen (S. 16 f.).

2 Beschreiben Sie, wie Cicero am Beginn des Textes seine Höflichkeit gegenüber Torquatus zum Ausdruck bringt.

3 Solche Inszenierungen gegenseitiger Höflichkeit sind für den philosophischen Gedankengang eigentlich überflüssig: Stellen Sie Vermutungen darüber an, warum Cicero dies dennoch in den Dialog eingebaut hat und welche Wirkung dies auf seine Leser gehabt haben dürfte.

S Konjunktiv Präsens und Futur I

Im Lateinischen ähneln sich die Formen von Konjunktiv Präsens und Futur I häufig oder fallen sogar zusammen. Die Modus- bzw. Tempuskennzeichen sind folgende:

Konj. Präs.		Fut. I	
a-Konjugation:	sonstige:	kons., gemischte, i-Konjugation:	a-, e-Konjugation:
-e-	-a-	-a-/-e-	-bō-, -bi-, -bu-
prob-e-m	ag-a-m	ag-a-m/assenti-a-r	probā-bō
prob-ē-s	ag-ā-s	ag-ē-s/assenti-ē-ris	probā-bi-s
...	...	...	...

Bei den Verben der konsonantischen, gemischten und i-Konjugation kann man daher in der 1. Sg. formal nicht unterscheiden, ob die Endung *-am* ein Fut. I oder einen Konj. Präs. bezeichnet: Für den lateinischen Muttersprachler bestand hier vermutlich kein großer Bedeutungsunterschied, d. h. *sīc agam* kann im Hauptsatz heißen »ich möchte/werde so vorgehen«.

4 Suchen Sie die Formen des Konj. Präs. und des Fut. I aus dem Text heraus und bestimmen Sie sie jeweils; benennen oder beschreiben Sie bei den Konjunktiven auch die jeweilige Funktion (z. B. final, konsekutiv, indirekte Frage etc.).

5 Erläutern Sie, welcher Modus in der deutschen Übersetzung für die Konjunktivformen in den Nebensätzen jeweils am besten passt.

2. *Voluptas* und *dolor* als natürliche Güter und Übel (Cic. fin. 1,30) (B)

Torquatus begründet im Folgenden, warum Epikur die »Lust« bzw. voluptās *als das von der Natur vorgegebene höchste Gut definiert:*

Idque <Epicurus> instituit[1] docere[2] sic:

omne animal simul atque[3] natum sit,

voluptatem appetere eāque gaudere ut summo bono,

dolorem aspernari[4] ut summum malum

5 et, quantum possit, a se repellere,

idque facere nondum depravatum[5]

ipsā naturā incorrupte[6] atque integre[7] iudicante.

Itaque negat

opus esse ratione neque disputatione,

10 quam ob rem[8] voluptas expetenda,

fugiendus dolor sit.

Sentiri[9] haec putat, ut[10] calere[11] ignem, nivem[12] esse albam, dulce mel[13];

quorum nihil oportere exquisitis rationibus[14] confirmare,

15 tantum satis esse admonere[15];

interesse enim inter argumentum conclusionemque rationis[16] et inter mediocrem animadversionem[17] atque admonitionem.

alterā occultā quaedam[18] et quasi involutā[19] aperiri, alterā

20 promptā[20] et apertā iudicari.

Etenim quoniam

detractis de homine sensibus[21]

reliqui nihil est,

necesse est

25 a natura ipsa iudicari,

quid aut ad naturam[22] aut contra sit;

ea[23] quid percipit[24] aut quid iudicat,

quo[25] aut petat aut fugiat aliquid,

praeter voluptatem et dolorem?

---

1 īnstituere: *hier:* versuchen – **2 docēre** + AcI: *hier:* zeigen, beweisen – **3 simul atque:** sobald – **4 aspernārī:** (ver)meiden – **5 dēprāvātum:** verdorben *(prädikativ zu* omne animal*)* – **6 incorruptus:** unbestechlich – **7 integer:** ursprünglich, ehrlich

8 quam ob rem: warum *(leitet indirekte Frage ein)*

9 sentīrī: *Passiv hier mit* »man« *übersetzbar* – **10 ut:** wie <man fühlt, dass> – **11 calēre:** heiß sein – **12 nix,** nivis *f.*: Schnee – **13 mel** *n.*: Honig – **14 exquīsīta ratiō:** ausgeklügelte Begründung – **15 admonēre:** daran erinnern – **16 conclūsiō ratiōnis:** logische Schlussfolgerung – **17 mediocris animadversiō:** bloße (empirische) Beobachtung

18 quīdam + *Adj.*: gewissermaßen – **19 involūtus:** schwer verständlich – **20 prōmptus:** offenbar; auf der Hand liegend

21 sēnsus, ūs: Sinneswahrnehmung

22 ad nātūram: gemäß der Natur – **23 ea** = nātūra – **24 percipere:** erfassen – **25 quō:** wohin

AcI; ind. Rede – indicare; ratio; petere; oportet; necesse est

1   *Vor der Übersetzung:* Informieren Sie sich über Epikurs Definition der »Lust« (Info-Text).

2   Arbeiten Sie aus dem Text heraus, welche Rolle Epikur der *voluptas* und welche Rolle er dem *dolor* jeweils zuweist (z. B. als tabellarische Übersicht).

3   Erläutern Sie die Rolle von Natur, Vernunft und Sinneswahrnehmung in Epikurs »Lust«-Lehre (laut Torquatus' Referat).

4   Obwohl Torquatus als Epikur-Anhänger an dessen Lehre glaubt, stellt er sie weitgehend in indirekter Rede dar: Weisen Sie die entsprechenden Passagen im Text nach und überlegen Sie, wie diese sprachliche Darstellung auf den Leser gewirkt haben dürfte.

K   Die *voluptas:* War Epikur ein Hedonist?

Cicero übersetzt in seinen Dialogpassagen zur epikureischen Philosophie den griechischen Terminus *hēdoné* (gr. ἡδονή) stets als *voluptās,* obgleich dies nicht unproblematisch ist. Das griechische Wort bildet eine Wortfamilie mit *hédomai* »sich freuen« und *hēdýs* »süß, angenehm«. Es bedeutet relativ neutral und allgemein einen angenehmen emotionalen oder psychischen Zustand wie etwa »(Lebens-)Freude; (innere) Zufriedenheit«. Die lateinische Übersetzung dagegen bildet eine Wortfamilie mit *voluptārius* »wollüstig« und hat daher auch eine negative Konnotation (»Nebenbedeutung«) im Sinne von »Wollust«.

Für Epikur selbst stellte sich die *hēdoné* ein, wenn kein Schmerz vorhanden war und alle wichtigen körperlichen Bedürfnisse befriedigt waren, also wenn man keinen Hunger oder Durst mehr hatte oder nicht fror. Diese *hēdoné* war dann auch nicht mehr steigerbar. Für Epikur war daher auch die *hēdoné* der Antrieb allen naturgemäßen Handelns, weil alle Lebewesen instinktiv versuchen, ihre Unlust (Hunger etc.) zu beseitigen.

Alles, was man mit »Wollust« oder »Genusssucht« verbindet, lehnte Epikur hingegen ab, weil solche übergroßen Reize und Genüsse langfristig Unlust wie z. B. Kater nach einer durchzechten Nacht verursachen können. Insofern war Epikur kein Hedonist, denn dieses von *hēdoné* abgeleitete Fremdwort bezeichnet einen Genussmenschen.

3. *Voluptas* – alles nur ein Missverständnis? (Cic. fin. 1,32) (B)

Lust als höchstes Gut – also Genuss bis zum Abwinken, inklusive durchgemachter Nächte und Komasaufen? Torquatus versucht, diese Kritik an Epikurs »Lust«-Lehre als ein großes Missverständnis zu entlarven.

<*Torquatus*>: »Sed ut perspiciatis,

unde omnis iste natus error sit

voluptatem accusantium[1] doloremque laudantium,

totam rem aperiam[2]

5   eaque ipsa,

quae ab illo inventore[3] veritatis et quasi architecto[4] beatae

vitae dicta sunt,

explicabo.

Nemo enim ipsam voluptatem,

10 quia voluptas sit,

aspernatur[5] aut odit aut fugit,

sed quia consequuntur[6] magni dolores eos,

qui ratione voluptatem sequi nesciunt.

Neque porro[7] quisquam est,

15 qui dolorem ipsum,

quia dolor sit,

amet, consectetur[8], adipisci[9] velit,

sed quia nonnumquam eius modi tempora incidunt,

ut labore et dolore magnam aliquam quaerat[10]

20 voluptatem …«

1 accūsantium/laudantium: <derer, die> anklagen/loben – **2 aperīre:** *hier:* enthüllen, darlegen – **3 inventor:** Entdecker (= Epikur) – **4 architectus:** Baumeister

5 aspernārī: (ver)meiden – **6 cōnsequī** + *Akk.: hier etwa:* zuteil werden

7 porrō: ferner, außerdem

8 cōnsectārī: eifrig zu erlangen suchen – **9 adipīscī:** *hier etwa:* haben – **10 quaerat:** *Subjekt ist* »man«

1   Erläutern Sie, wie Torquatus den Philosophen Epikur in seiner Rede präsentiert.

2   Schlagen Sie *beātus* im Wörterbuch nach und finden Sie eine hier passende deutsche Übersetzung; grenzen Sie die Bedeutungen von *beātus* und *fēlīx* voneinander ab.

3   Torquatus gibt sich große Mühe, das Prinzip der *voluptās* in seinen Ausführungen zu verteidigen: Nennen Sie seine Argumente und diskutieren Sie deren Plausibilität; erklären Sie auch den Ausdruck *ratiōne voluptātem sequī* inhaltlich.

4   Geben Sie praktische Beispiele aus Ihrem Leben oder aus der Natur für Torquatus' Thesen von dem Streben nach *voluptās* und dem Meiden von *dolor*. Finden Sie moderne Übersetzungen für die beiden lateinischen Termini *voluptās* und *dolor* in diesem Zusammenhang.

5   *Vokabeln erschließen:* Versuchen Sie, folgende Wörter aufgrund von Fremdwortkenntnissen oder lateinischen Wortbildungsregeln herzuleiten: *inventor, architectus, cōnsectārī*.

S   Kleine Wörter: *quisquam – ūllus*

Die Pronomina *quisquam/quidquam* und *ūllus* bedeuten wörtlich »(irgend)jemand/(irgend) etwas« und »(irgend)ein«; dabei ist *quisquam* substantivisch und *ūllus* meist adjektivisch. Für das substantivische Neutrum gibt es zwei Formen: *quidquam* und *quicquam*.

Gebraucht werden die Pronomina in negierten Sätzen, in Fragen oder bei Einschränkungen (z. B. in *sī*-Sätzen, nach *quam* »als«) – die deutsche Übersetzung muss entsprechend angepasst werden:

neque quisquam est, qui dolorem amet: und/aber es gibt niemand, der …
num quisquam est, qui dolorem amet? gibt es wirklich jemand, der …?
si quisquam est, qui dolorem amat: wenn es irgendjemand gibt, der …
nihil turpius est quam quicquam fieri sine causa: … als dass etwas … geschieht
numquam ullus ornatus defuit: Niemals fehlte irgendein Schmuck
si ullus ornatus defuit: wenn irgendein Schmuck fehlte
sine ullo metu: ohne irgendwelche/jegliche Angst

Diese Pronomina haben im Gen. und Dat. Sg. besondere Endungen:

quisquam *m.f.*	quidquam/quicquam *n.*	ūllus	ūlla	ūllum
	cuiusquam		ūllīus	
	cuiquam		ūllī	
quemquam	quidquam/quicquam	ūllum	ūllam	ūllum
	quōquam	ūllō	ūllā	ūllō

4. *Voluptas* als Produkt von »Unlust« (Cic. fin. 1,32–33) (B)

Torquatus zeigt anhand praktischer Beispiele, dass viele Menschen häufig für eine bestimmte Zeit eine gewisse »Unlust« in Kauf nehmen, um danach aber eine umso größere voluptās zu erzielen.

<Torquatus>: »… Ut enim ad minima[1] veniam: Quis nostrum exercitationem[2] ullam corporis suscipit laboriosam, nisi ut aliquid commodi[3] ex ea consequatur? Quis autem vel eum iure[4] reprehenderit, qui in ea voluptate velit

5 esse, quam nihil molestiae[5] consequatur[6], vel illum, qui dolorem eum fugiat, quo voluptas nulla pariatur[7]?

At vero eos et accusamus et iusto odio dignissimos[8] ducimus[9], qui blanditiis[10] praesentium[11] voluptatum deleniti[12] atque corrupti, quos dolores et quas molestias[5] excepturi[13]

10 sint, obcaecati[14] cupiditate non provident[15]; similique sunt in culpa, qui officia deserunt mollitia[16] animi, id est laborum et dolorum fuga.

Et harum quidem rerum facilis est et expedita[17] distinctio. Nam libero tempore, cum soluta[18] nobis est eligendi

15 optio[19] cumque nihil impedit[20], quominus id, quod maxime placeat, facere possimus, omnis voluptas assumenda[21] est, omnis dolor repellendus[22].

Temporibus autem quibusdam et aut officiis debitis[23] aut rerum necessitatibus saepe eveniet, ut et voluptates

20 repudiandae[24] sint et molestiae[5] non recusandae[25]. Itaque delectus[26] earum rerum hic tenetur[27] a sapiente, ut aut reiciendis voluptatibus maiores alias <voluptates> consequatur[28] aut perferendis doloribus asperiores <dolores> repellat[22].«

1 **minimum:** *hier:* Unwichtiges, Nebensächlichkeit – 2 **exercitātiō:** Training, Sport – 3 **commodum:** Vorteil, Nutzen – 4 **iūre:** zu Recht – 5 **molestia:** Unannehmlichkeit – 6 **cōnsequī** + *Akk.: hier:* folgen auf – 7 **parere:** gewinnen, verschaffen

8 **dignus** + *Abl.: (einer Sache)* würdig – 9 **dūcere:** halten für – 10 **blanditia:** Reiz, Verlockung – 11 **praesēns:** *hier:* sofortig, schnell – 12 **dēlēnīre:** ködern – 13 **excipere:** erleiden – 14 **obcaecāre:** blenden – 15 **prōvident:** *hiervon hängt der indir. Fragesatz* quōs dolōrēs … sint *ab* – 16 **mollitia:** Mangel an Energie – 17 **expedītus:** problemlos – 18 **solūtus:** unbeschränkt – 19 **ēligendī optiō:** Wahlmöglichkeit – 20 **impedīre, quōminus** + *Konj.:* verhindern, dass – 21 **assūmere:** sich verschaffen – 22 **repellere:** von sich fernhalten

23 **dēbitus:** zwingend – 24 **repudiāre:** verschmähen – 25 **recūsāre:** verweigern – 26 **dēlēctus:** Wahl – 27 **tenēre:** *hier:* handhaben, praktizieren – 28 **cōnsequī:** *hier:* erreichen

Steigerung (Kompar./Superl.); -nd-Formen – reprehendere; accusare; odium; corrumpere

Sport: Lust oder Frust (© HSB-Cartoon)

1 *Vor der Übersetzung:* Erläutern Sie anhand des Bildes das Verhältnis von Lust und Unlust.

2 a) Arbeiten Sie aus dem Text heraus, wie gemäß der epikureischen Lehre »Unlust« aus »Lust«
   entstehen kann (und umgekehrt). – b) Führen Sie Beispiele aus Ihrem eigenen Leben an, die in
   dieses epikureische Modell der Entstehung von »Lust« aus »Unlust« (und umgekehrt) passen.

3 Torquatus behandelt in diesem und dem vorherigen Abschnitt parallel einmal die Rolle der
   menschlichen Vernunft bzw. des planmäßigen Handelns *(ratiō)* und zum anderen das natürliche
   bzw. instinktgesteuerte Verhalten von Lebewesen: Weisen Sie die Textpassagen nach und arbeiten
   Sie das Verhältnis der beiden Handlungsmaximen heraus.

4 Erörtern Sie im Unterricht, ob Epikurs »lust«-basierte Handlungsmaximen auch heute noch als
   allgemeines ethisches Prinzip Geltung haben können.

5 In den beiden vorherigen Texten kam mehrmals das Verb *cōnsequī* mit scheinbar ganz
   unterschiedlichen Bedeutungen vor: Ermitteln Sie mithilfe des Wörterbuchs eine Kernbedeutung
   und leiten Sie hiervon die für die einzelnen Stellen jeweils angegebenen Übersetzungen ab.

5. Definition der »Lust« (Cic. fin. 1,37–38) (C)

Im Weiteren erörtert Torquatus Beispiele einiger berühmter Vorfahren seiner Familie, die eine »Unlust« in Kauf genommen haben, um eine noch größere »Unlust« im Sinne eines moralisch anfechtbaren Verhaltens zu vermeiden. Im Anschluss hieran bringt er das Thema auf Epikurs genaue Definition der voluptās *bzw.* hēdoné *als Freisein von Schmerz bzw. Unlust:*

<Torquatus>: »… Nunc autem explicabo, quae qualisque voluptas ipsa sit, ut tollatur error omnis imperitorum intellegaturque ea[1], quae voluptaria, delicata[2], mollis[3] habeatur disciplina[4], quam gravis, quam continens, quam

5 severa sit.

Non enim hanc solam <voluptatem> sequimur, quae suavitate[5] aliqua naturam ipsam movet[6] et cum iucunditate[7] quadam percipitur[8] sensibus; sed maximam voluptatem illam habemus, quae percipitur omni dolore detracto[9].

10 Nam quoniam, cum privamur[10] dolore, ipsa liberatione et vacuitate[11] omnis molestiae gaudemus, omne autem id, quo gaudemus, voluptas est, <sic>ut omne, quo offendimur[12], dolor <est>, doloris omnis privatio recte nominata est voluptas.

15 *Ut* enim, cum cibo et potione fames sitisque depulsa[13] est, ipsa detractio molestiae consecutionem[14] affert voluptatis, *sic* in omni re doloris amotio[15] successionem[16] efficit voluptatis.

Itaque non placuit Epicuro medium[17] esse quiddam inter 20 dolorem et voluptatem; illud enim ipsum, quod quibusdam medium videretur, cum omni dolore careret[18], non modo voluptatem esse, verum etiam summam voluptatem.

Quisquis enim sentit, quemadmodum sit affectus[19], eum 25 necesse est aut in voluptate esse aut in dolore. Omnis autem doloris privatione putat Epicurus terminari[20]

---

1 **intellegāturque ea:** *sortiere:* intellegāturque, quam gravis, quam continēns, quam sevēra sit ea disciplīna, quae voluptāria, mollis habeātur – 2 **dēlicātus:** üppig – 3 **mollis:** weichlich – 4 **disciplīna:** philosophische Lehre – 5 **suāvitās:** Reiz – 6 **movēre:** *hier:* beeinflussen – 7 **iūcunditās:** Annehmlichkeit – 8 **percipere:** wahrnehmen – 9 **dētrahere,** -trahō, -trāxī, -trāctum: entfernen – 10 **prīvāre:** befreien – 11 **vacuitās:** das Freisein

12 **offendī:** *hier:* leiden

13 **dēpellere,** -pellō, -pulī, -pulsum: vertreiben – 14 **cōnsecūtiō:** das Nachfolgen – 15 **āmōtiō:** Entfernung – 16 **successiō:** das Eintreten

17 **medium:** mittleres

18 **carēre** + *Abl.*: frei sein von (*Subjekt hier* »man«)

19 **afficī:** *hier* sich fühlen, gestimmt sein – 20 **termināre** (+ *Abl.*): definieren, bestimmen (nach/gemäß)

summam voluptatem, ut postea variari[21] voluptas distinguique[22] possit, augeri amplificarique non possit.«

21 **variāre:** verändern –
22 **distinguere:** differenzieren

1 *Vor der Übersetzung:* Stellen Sie aus dem Text (z. B. tabellarisch) Ausdrücke zusammen, die sich jeweils der *voluptās* und dem *dolor* zuordnen lassen.

2 *Vor der Übersetzung:* Ordnen Sie die Sätze in den Absätzen 1, 3 und 4 kolometrisch an.

3 Recherchieren Sie mithilfe des Wörterbuches, was *voluptās* im Lateinischen bedeuten kann, und ermitteln Sie eine Kernbedeutung; erklären Sie auf dieser Basis, warum es immer wieder Kritik gegen die *voluptās* als philosophisches *summum bonum* geben konnte.

4 Arbeiten Sie aus dem Text die wesentlichen Definitionen dafür heraus, was die »richtige« *voluptās* laut Epikur wäre. Überlegen Sie sich dann einen passenden deutschen Begriff (oder mehrere) für dieses Konzept.

5 Erörtern Sie, ob Epikurs Vorstellungen von der (Nicht-)Steigerbarkeit von »Lust« in den letzten beiden Absätzen überzeugend sind.

6 Der Stil des ganzen Abschnitts wirkt sehr fachsprachlich, u. a. durch die vielen Substantivierungen: Weisen Sie diese Stilmerkmale im Text nach.

7 *Vokabeln erschließen:* Der Text enthält eine ganze Reihe von Substantivierungen mithilfe von Suffixen wie etwa *suāvi-tās < suāvis* oder *līberā-tiō < līberāre;* sammeln Sie die Beispiele im Text und erklären Sie die Bedeutung der Substantive und die genaue Wortbildung.

S **Konjunktive übersetzen: abhängige Frage und indirekte Rede**

a) Das Lateinische verwendet in indirekten Fragen in der Regel den Konjunktiv, den man in der deutschen Übersetzung meist mit Indikativ wiedergibt:
→ *explicabo, qualis voluptas sit:* ich werde erklären, wie beschaffen die Lust <u>ist</u>.

b) Anders liegt der Fall bei indirekter Rede: Hier stehen alle lateinischen Nebensätze im Konjunktiv, den man auch im Deutschen möglichst als Konjunktiv (I) übersetzen sollte:

Epicurus putabat id,	Epikur glaubte, das,
quod medium <u>videretur</u>,	was als Mittleres <u>erscheine</u>,
cum dolore <u>careret</u>,	wenn man keinen Schmerz <u>empfinde</u>,
summam voluptatem esse.	sei die höchste Lust.

6. Der Beweis – *voluptas* als *summum bonum* (Cic. fin. 1,40–42) (C)

Torquatus versucht nun, mit einer mehr oder weniger logischen Schlussfolgerung zu beweisen, dass die voluptās *das höchste Gut sein muss:*

<Torquatus>: »… Extremum[1] autem esse bonorum volup-
tatem ex hoc facillime perspici potest: Constituamus[2]
aliquem et animo et corpore fruentem[3] magnis, multis,
perpetuis voluptatibus nullo dolore nec impediente[4] nec
5 inpendente[5]: Quem tandem hoc statu praestabiliorem[6] aut
magis expetendum <statum> possimus dicere?

Inesse[7] enim necesse est in eo, qui ita[8] sit affectus[9], et fir-
mitatem animi nec mortem nec dolorem timentis, quod
mors sensu careat, dolor in longinquitate levis, in gravitate
10 brevis soleat esse, ut eius magnitudinem celeritas, diu-
turnitatem allevatio[10] consoletur[11]. Ad ea cum accedit, ut
neque divinum numen horreat[12] nec praeteritas voluptates
effluere[13] patiatur earumque assidua recordatione laetetur:
quid est, quod huc possit, quod melius sit, accedere?

15 Statue[14] contra[15] aliquem confectum tantis animi cor-
porisque doloribus, quanti in hominem maximi cadere
possunt – nulla spe proposita fore levius[16] aliquando: Quid
eo miserius dici aut fingi[17] potest?

Quodsi vita doloribus referta[18] maxime fugienda est,
20 summum profecto malum est: vivere cum dolore; cui
sententiae consentaneum[19] est ultimum esse bonorum
cum voluptate vivere.

Praeterea et appetendi et refugiendi[20] et omnino rerum
gerendarum initia[21] proficiscuntur[22] aut a voluptate aut
25 a dolore. Quod cum ita sit, perspicuum est omnīs rectas
res atque laudabilīs eo referri[23], ut cum voluptate vivatur.
Quoniam autem id est vel summum bonorum vel ultimum
vel extremum (quod Graeci τέλος[24] nominant), quod

1 extrēmum: das Höchste –
2 cōnstituere: *hier:* annehmen, sich vorstellen – **3 fruī** + *Abl.:* genießen – **4 impedīre:** behindern – **5 inpendēre:** drohen – **6 praestābilis:** gut, vorzüglich

7 inesse: vorhanden sein *(als innere Einstellung)* – **8 ita** = im Zustand der höchsten Lust – **9 affectum esse:** sich *(in einem Zustand)* befinden – **10 allevātiō:** Linderung – **11 cōnsōlārī:** *hier etwa:* abmildern – **12 horreat:** *Subjekt ist der oben mit* aliquem *eingeführte ideale Mensch voller Seelenruhe* – **13 effluere:** entschwinden, vergessen werden

14 statuere: *hier:* annehmen, sich vorstellen – **15 contrā:** dagegen – **16 fore levius:** *AcI abhängig von* spē: »dass es leichter werde« – **17 fingī:** sich vorstellen

18 refertus (< refercīre) + *Abl.:* angefüllt mit – **19 cōnsentāneus** + *Dat.:* übereinstimmend mit

20 refugere: (ver)meiden – **21 initium:** *hier etwa:* Motivation, Handlungsimpuls – **22 proficī-scī ab:** *hier:* ausgehen von – **23 referrī:** auf *etwas* bezogen sein – **24 télos:** Ziel

ipsum nullam ad aliam rem <refertur[23]>, ad id autem res
30 referuntur omnes, fatendum est summum bonum esse
iucunde vivere.«

1 Gliedern Sie den Text nach inhaltlichen Abschnitten und geben Sie jeweils Zwischenüberschriften.

2 Verfassen Sie zu den Absätzen 1–2 einen knappen philosophischen Kommentar: Weisen Sie in den Abschnitten die einschlägigen epikureischen Lehrsätze nach (s. a. oben S. 21: »Tetrapharmakon«).

3 Erläutern Sie Epikurs Konzept, demzufolge man keine Angst vor dem Tod zu haben braucht (s. auch S. 20) – halten Sie es für überzeugend?

4 Erläutern Sie die Argumentation des Torquatus, wieso die *voluptās* das höchste »Gut« sei.

5 Torquatus setzt im letzten Abschnitt offenbar das gr. *télos* mit dem *summum bonum* gleich: Erörtern Sie die logische Überzeugungskraft dieser Gleichsetzung.

6 Cicero verwendet in seinen philosophischen Schriften in der Regel das lat. Wort *animus* für »Seele«. Recherchieren Sie mithilfe des Wörterbuches, worin sich die Bedeutungen von *animus* und *anima* unterscheiden.

7 Finden Sie für die passiven Formen der letzten beiden Texte gute Übersetzungen (s. auch S. 47).

Gustave Doré: Fahrt über den Totenfluss Styx in die Unterwelt, 1861 (Foto: © Wikimedia Commons)

7. Die *voluptas* des Weisen (Cic. fin. 1,61–63) (B)

Torquatus erläutert weiter, wie der wahre Weise laut Epikur zu denken ist: Frei von Furcht genießt er seine »Lust«.

<Torquatus>: »… Neque stultorum quisquam beatus neque sapientium non beatus <est>. Multoque hoc melius nos veriusque quam Stoici <dicimus>.

Illi enim negant

5 esse bonum quicquam nisi nescio-quam[1] umbram,

quod appellant ›honestum‹ non tam[2] solido quam[2] splen-dido[3] nomine,

virtutem autem hoc honesto nixam[4]

nullam requirere voluptatem

10 atque ad beate vivendum se ipsā esse contentam[5].

Sed possunt haec quadam ratione[6] dici non modo non repugnantibus[7], verum etiam approbantibus[8] nobis. Sic enim ab Epicuro sapiens semper beatus inducitur[9]: Fini-tas[10] habet cupiditates, neglegit mortem, de diis inmorta-

15 libus sine ullo metu vera sentit, non dubitat, si ita melius sit, migrare[11] de vita.

His rebus instructus semper est in voluptate. Neque enim tempus est ullum, quo non plus voluptatum habeat quam dolorum.

20 Nam et praeterita[12] grate meminit et praesentibus ita poti-tur[13], ut animadvertat,

quanta sint ea et quam iucunda;

neque pendet[14] ex futuris,

sed expectat illa, fruitur[15] praesentibus;

25 et ab vitiis, quae paulo ante collegi, abest plurimum

et, cum stultorum vitam cum sua comparat, magna affi-citur voluptate.

Dolores autem si qui[16] incurrunt,

1 nesciō-qui(s): irgendein; *hier:* irgendwie geartet – **2 nōn tam – quam:** nicht so sehr – als vielmehr – **3 splendidus:** gut klingend – **4 nītī,** nītor, nīxus sum + *Abl.:* sich stützen auf – **5 (sē ipsō) contentus:** (sich selbst) genug

6 ratiō: *hier:* Art, Weise – **7 repūgnāre:** widersprechen, dagegen sein *(hier Abl. abs.)* – **8 approbāre:** zustimmen, dafür sein *(hier Abl. abs.)* – **9 indūcere:** *hier:* vorstellen – **10 fīnitus:** begrenzt – **11 migrāre:** (hinaus-) gehen

12 praeteritus: vergangen – **13 potīrī:** *hier:* sich vergegenwärtigen – **14 pendēre ex:** abhängen von, *hier etwa:* sich sorgen um – **15 fruī** + *Abl.:* genießen

16 quī = aliquī (dolōrēs)

Partizipialkonstr.; Steigerung (Kompar./Superl.) – beatus; honestus; gratus; praesens; futurus; iucundus

numquam vim tantam habent,

30 ut non plus habeat sapiens,

quod[17] gaudeat, quam quod angatur[18].

Optime vero Epicurus <censuit>,

quod exiguam[19] dixit fortunam intervenire[20] sapienti

maximasque ab eo et gravissimas res consilio ipsius et

35 ratione administrari[21]

neque maiorem voluptatem ex infinito[22] tempore aetatis

percipi posse,

quam ex hoc <tempore> percipiatur,

quod videamus esse finitum[23].«

17 quod: *hier:* worüber – **18 angī:** sich ängstigen

19 exiguam: *hier prädikativ* »nur wenig« – **20 intervenīre** + *Dat.:* dazwischenkommen, behindern – **21 administrāre:** entscheiden – **22 īnfinītus:** unbegrenzt – **23 fīnītus:** begrenzt (*gemeint ist die begrenzte Lebenszeit, die bei rechter Lebensführung auch Lustgewinn bringt*)

1 *Vor der Übersetzung:* Informieren Sie sich über das höchste Gut in der Stoa und das sog. »Tetrapharmakon« Epikurs (S. 21); suchen Sie im Text Hinweise auf die jeweiligen Lehren.

2 Beschreiben Sie, wie Torquatus das *summum bonum* der Stoiker definiert und wertet.

3 Listen Sie die im Text genannten Eigenschaften des idealen Weisen auf (z. B. tabellarisch).

4 Beurteilen Sie selbst Epikurs Definition des idealen Weisen: Kämen diese Eigenschaften für Sie in Frage und halten Sie sie heute für vertretbar?

5 Cicero hat bei der Abfassung seines Dialogs Epikurs Originaltext als Quelle benutzt und dem Torquatus einiges von dessen Lehrsätzen in den Mund gelegt: Weisen Sie Originalaussagen (s. u.) im Text nach und vergleichen Sie jeweils.

Äußerungen Epikurs (*Kýriai dóxai* 1, 2, 5, 18, 19; *Idomeneus-Brief*)

– Der Tod betrifft uns in keiner Weise; das, was aufgelöst ist, hat keine Empfindung, das Empfindungslose aber betrifft uns nicht.
– Es ist nicht möglich mit »Lust« zu leben, ohne besonnen und gut und gerecht zu leben; auch ist es nicht möglich, besonnen und gut und gerecht zu leben ohne »Lust«.
– Die »Lust« im Fleisch wächst nicht mehr, sobald einmal der Schmerz durch Mangel beseitigt ist, sondern sie wird nur variiert.
– Die unbegrenzte Zeit enthält die gleiche »Lust« wie die begrenzte, wenn man die Grenzen der »Lust« mit Vernunft bemisst.
– Ich habe schmerzhafteste Blasen- und Darmkoliken, doch stärker als all dies ist die Freude der Seele und die Erinnerung an unsere Gespräche.

8. Glücksforschung heute

Die Statistik: Was macht die Deutschen glücklich?

Wie alle hellenistischen Philosophenschulen will auch Epikur die Menschen glücklich machen (sog. »Eudaimonismus«). Etwas anders als Epikur untersuchen Wissenschaftler heute auf empirischer Basis, was den Menschen glücklich macht und somit innere Zufriedenheit im Sinne der epikureischen *hēdoné* bewirkt. Das Institut für Demoskopie in Allensbach hat 2014 eine Umfrage gestartet, an der 1.200 Personen über 16 Jahren teilgenommen haben:

Gesundheit .... 89 %
Partnerschaft .... 79 %
Familie .... 74 %
Mitmenschen .... 68 %
Eine Aufgabe .... 64 %
Kinder .... 62 %
Beruf .... 59 %
Erfolg .... 51 %
Freunde .... 51 %
Geld .... 47 %
Hobby .... 46 %
Gutes tun .... 41 %
Religion .... 25 %

Die hier von den Teilnehmern genannten Faktoren sind in Deutschland konstant und haben sich über Jahrzehnte kaum geändert. Allerdings sagt die Statistik v. a. etwas über die Glücksfaktoren Erwachsener aus, nicht hingegen über das, was zum Glück von Kindern oder Jugendlichen unter 16 Jahren beiträgt.

1 Ermitteln Sie anhand einer anonymen Umfrage in Ihrem Kurs oder an Ihrer Schule, was Ihre Mitschüler glücklich macht. Vergleichen und diskutieren Sie Unterschiede zur Allensbacher Statistik.

2 Gleichen Sie die Statistik mit Epikurs Modell von Glück und Zufriedenheit ab: Welche Faktoren passen in Epikurs Konzept, welche nicht? Begründen Sie jeweils.

3 Diskutieren Sie, ob Epikur überhaupt eine solche Statistik erstellt hätte oder ob sie für sein philosophisches System überflüssig wäre.

Was ist »Glück«?

Das deutsche Wort »Glück« hat unterschiedliche Bedeutungen: Es kann einmal eher zufalls-bedingte Ereignisse bezeichnen (»Glück gehabt«, »Glück in der Liebe«; lat. <*bona> fortūna*, engl. *luck*); zum anderen bezeichnet es einen dauerhaften seelischen Zustand ähnlich wie lat. *beātitūdō* (engl. *happiness*). In der Philosophie der Neuzeit wird ähnlich wie in der Antike das Verhältnis von Glück und höchstem Gut diskutiert. Der Philosoph Immanuel Kant (1724–1804) versuchte die scheinbar sehr gegensätzlichen philosophischen Lehren von Stoa und Epikur miteinander zu verbinden und sah in der Kombination von Tugend bzw. ethisch richtigem Verhalten und Glück das höchste Gut für den Menschen.

In neuester Zeit haben sich auch Psychologen und Humanbiologen viel mit der Frage des Glücks beschäftigt. Dabei haben viele von ihnen die überraschende These aufgestellt, der Mensch sei von Natur aus gar nicht zum dauerhaften Glück geboren. Vielmehr bringt die Anlage des Menschen zum Unglücklichsein einen entscheidenden evolutionsbiologi-schen Vorteil: Unzufriedenheit spornt zur Behebung eines Mangels an und führt so zum Fortschritt. Insofern gehört der Mangel an Glücksgefühlen zwingend zum menschlichen Leben dazu und ist sozusagen die komplementäre Ergänzung zum Glücksstreben. Die erfolgreiche Beseitigung eines Mangels führt dann entsprechend zu einem Glücksgefühl bzw. zu Zufriedenheit:

Mangel → Unzufriedenheit → Mangelbeseitigung → Glück + Fortschritt

Innere Zufriedenheit bzw. Glück wird demnach gerade auch durch Aktivität und Eigen-initiative erreicht, nicht unbedingt durch einseitige Entspannung. Zu viel Entspannung kann im Gegenteil zu Langeweile und damit wieder zur Unzufriedenheit führen.

4 Vergleichen Sie die psychologische und humanbiologische Sicht auf das Glück mit Epikurs Vorstellungen: Gibt es Übereinstimmungen?

5 Untersuchen Sie, wie das Verhalten der Frau im Cartoon zur modernen Glückstheorie (Biologie/ Psychologie) passt; was hätte Epikur ihr geraten?

(Cartoon: © Peter Löwenhagen)

Die Rolle der Naturwissenschaft

9. Seelenruhe durch Naturwissenschaft (Cic. fin. 1,63–64) (C)

Torquatus führt die Bedeutung der empirischen Naturwissenschaft aus, die den Menschen von abergläubischer Furcht befreit und ihm Seelenruhe verleiht. Dabei spielt die Sinneswahrnehmung eine zentrale Rolle für geistige Erkenntnis.

<*Torquatus*>: »… In dialectica[1] autem vestra nullam viam
<Epicurus> existimavit esse nec ad melius vivendum nec
ad commodius[2] disserendum.

In physicis[3] plurimum posuit[4]. Eā scientiā et verborum
5   vis[5] et natura orationis[6] et consequentium repugnanti-
umve ratio[7] potest perspici.

Omnium autem rerum naturā cognitā
levamur[8] superstitione,
liberamur mortis metu,
10   non conturbamur ignoratione rerum,
e qua ipsa horribiles exsistunt saepe formidines[9].
Denique etiam morati[10] melius erimus,
cum didicerimus, quid natura desideret.
Tum vero,
15   si stabilem scientiam rerum tenebimus,
servatā illā[11],
quae quasi delapsa[12] de caelo est ad cognitionem omnium,
regulā[11],
ad quam omnia iudicia rerum dirigentur,
20   numquam ullius oratione victi
<recta> sententia desistemus[13].
Nisi autem rerum natura perspecta erit,
nullo modo poterimus sensuum[14] iudicia defendere.
Quicquid porro animo cernimus,
25   id omne oritur a sensibus[14];
Qui[15] si omnes veri erunt, ut Epicuri ratio docet,

---

1 dialectica (vestra): Dialektik, d.h. Kunst der Argumentation, die Cicero und die von ihm geschätzte Akademie besonders pflegte – **2 commodius** *Adv.:* passender, geeigneter – **3 physica** *n.Pl.:* Naturwissenschaft – **4 plūrimum pōnere in:** sehr großes Gewicht legen auf – **5 vīs:** *hier:* Bedeutung – **6 ōrātiō:** *hier:* Sprache – **7 cōnsequentium … ratiō:** logische Schlussfolgerung und Widerspruch – **8 levāre:** erlösen

9 formīdō: Angst – **10 mōrātus:** charakterlich gebildet

11 servātā … rēgulā: *Abl.abs.:* wenn wir uns an jene Regel halten – **12 dēlābī:** herabfallen

13 dēsistere + *Abl.:* abkommen von – **14 sēnsus:** *hier:* Sinneswahrnehmung

15 quī = sēnsūs

Komparativ; -nd-Formen; Abl. Abs. – perspicere; liberare; metus; discere; iudicium

tum denique poterit aliquid cognosci et percipi[16].

Quos[17] qui tollunt[18],

ii remotis sensibus[19] ne id ipsum quidem expedire[20] pos-
30 sunt, quod disserunt.

Sic e physicis

et fortitudo sumitur[21] contra mortis timorem

et constantia contra metum religionis[22]

et sedatio animi[23]

35 omnium rerum occultarum ignoratione sublata[24]

et veri a falso distinctio traditur[25].«

16 percipere: *hier:* begreifen –
17 quōs = sēnsūs – **18 tollere:**
beseitigen; *bzw. hier etwa:*
leugnen – **19 remōtīs**
sēnsibus: nach Ausblendung
der Sinneswahrnehmungen –
20 expedīre: erklären

21 sūmere: erlangen – **22 religiō:**
abergläubische (Götter-)furcht –
23 sēdātiō animī: Seelenruhe (=
Epikurs ataraxía) – **24 tollere**, tollō,
sustulī, sublātum: beseitigen –
25 trādere: vermitteln

1 Beschreiben Sie den Stil dieses Textes.

2 Überlegen Sie, vor welchen Dingen die Menschen in der Antike Angst hatten, die man heute
aufgrund naturwissenschaftlicher Forschung nicht zu fürchten braucht.

3 Torquatus stellt Epikurs Lehre als betont rational und wissenschaftlich dar: Diskutieren Sie, ob es
Hinweise im Text gibt, die dagegen sprechen.

4 *Wörter und kulturelle Konzepte verstehen:* Der lateinische Begriff *religiō* bedeutet bei Cicero
eigentlich nicht »Religion«; untersuchen Sie mithilfe eines Wörterbuches die unterschiedlichen
Bedeutungsnuancen – gibt es eine Kernbedeutung?

S Lateinische Passivformen angemessen übersetzen

Das lateinische Passiv drückt meist dasselbe aus wie das deutsche Passiv mit »werden«.
- Eleganter ist aber oft die Übersetzung mit »sich lassen«, z. B.: *summa voluptas sic termi-
  natur:* die höchste Lust wird so bestimmt/lässt sich so bestimmen.

- Allerdings hat das lateinische Passiv auch oft reflexive Bedeutung und muss dann mit
  einem deutschen reflexiven Verb (»sich«) übersetzt werden:
  colores variantur: Die Farben verändern sich.
  nihil miserius fingi possum: Ich kann mir nichts Elenderes vorstellen.

- Häufig klingt im Deutschen eine Übersetzung mit »man« am besten, v. a. beim unper-
  sönlichen Passiv: *cum voluptate vivitur:* Man lebt mit Lust.

- Beim Zustandsperfekt muss man im Deutschen das Partizip Präteritum mit einer Form
  von »sein« verwenden: *vita doloribus referta est:* Das Leben ist mit Schmerzen angefüllt.

- Manchmal passt ein aktiver Ausdruck am besten:
  mundus efficitur: Die Welt wird hervorgebracht → Die Welt entsteht.

10. Antike »Religion« und epikureische Philosophie

Die polytheistische »Religion« der Griechen und Römer fußte anders als das spätere Christentum nicht auf dem Glauben an ein bestimmtes religiöses Bekenntnis, sondern auf dem praktischen Kult für die vielen Götter *(cultus deorum)*. Auch richteten sich die religiösen Praktiken im Allgemeinen nicht (wie im Christentum) auf eine Rettung der Seele im Jenseits, d. h. nach dem Tod, sondern auf das Leben selbst. Das Verhältnis der Römer zu ihren Göttern war gewissermaßen vertragsmäßig im Sinne des »*do, ut des*-Prinzips«: Die Menschen brachten den Göttern kultische Verehrung dar und dafür schickten die Götter den Römern Wohlergehen für ihren Staat *(salus rei publicae):*

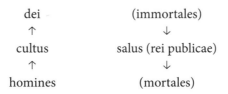

$$
\begin{array}{ccc}
\text{dei} & & \text{(immortales)} \\
\uparrow & & \downarrow \\
\text{cultus} & & \text{salus (rei publicae)} \\
\uparrow & & \downarrow \\
\text{homines} & & \text{(mortales)}
\end{array}
$$

Anders als die Epikureer glaubten die Römer also an ein aktives Eingreifen der Götter in das Weltgeschehen. Zudem hielten Griechen und Römer im Gegensatz zu Epikur ihre Götter nicht unbedingt für moralische Vorbilder, sondern einfach nur für unsterblich (lat. *immortales = dei*) und für mächtiger als die Menschen (lat. *mortales = homines*). So versuchte z. B. die römische Stadtgöttin Iuno, Äneas auf ziemlich unfaire Weise an seiner Reise nach Italien und der Stadtgründung zu hindern. Ähnlich zeichnen sich viele männliche Gottheiten wie Jupiter durch moralisch zweifelhafte Verführung menschlicher Jungfrauen aus.

Epikurs Lehre, wonach die moralisch vorbildlichen Götter irgendwo fern der Menschen in den sog. Intermundien lebten, sich nicht um die Menschen kümmerten und daher auch nicht notwendig kultische Verehrung verlangten, war den Römern in jeder Hinsicht fremd. Im Grunde war Epikurs Lehre für antike Menschen so etwas wie Atheismus. Dennoch wurde – anders als später im Christentum – diese eigentlich das Staatswohl untergrabende Lehre im antiken Rom nicht bekämpft. Allerdings gab es auch nur wenige Anhänger des Epikureismus.

Dies hängt wiederum mit der engen Verflechtung von Staat und Götterkult in Rom zusammen: Für die vielen Götterkulte und Tempel brauchte man viele Priester, und diese Priesterämter waren in Rom mit einem hohen sozialen Prestige verbunden (Cicero war als Augur für die Vogelschau zuständig). Daher wäre durch den Fortfall von Götterkulten auch diese Möglichkeit einer öffentlichen Karriere weggefallen.

Philosophie und Naturwissenschaft in der Antike

In der Antike gehörte die Erforschung der Natur als Teilgebiet zur Philosophie. Zur Zeit Epikurs, d. h. im Hellenismus, nahm die Naturwissenschaft einen besonderen Aufschwung durch den Einsatz empirischer Methoden und Experimente, besonders im kulturellen Zentrum Alexandria (Ägypten), das seit den Eroberungen Alexanders d. Gr. zum griechischen

Kulturbereich gehörte. So hatte z. B. der griechische Gelehrte Eratosthenes (275–194 v. Chr.) bereits den Umfang der Erdkugel bis auf wenige Kilometer genau ausgerechnet. Auch war man technisch in der Lage, Dampfmaschinen zu bauen; allerdings wurden sie wegen der zur Verfügung stehenden billigeren Sklaven nicht wirtschaftlich genutzt.

Im Bereich der Biologie gab es bereits seit Aristoteles umfangreiche Sammlungen von Tier- und Pflanzengattungen, die wissenschaftlich untersucht und systematisiert wurden. Geographen untersuchten, vermaßen und kartierten die bekannten Regionen der Erde. Die Mathematik machte durch die verbesserten Kontakte zum Orient seit den Alexanderzügen große Fortschritte, was wiederum die Architektur beförderte. So war in Rom im 1. Jh. v. Chr. etwa mit dem Pantheon zum ersten Mal ein großer Kuppelbau als technische Meisterleistung errichtet worden.

Zur Wissenschaft und Philosophie gehörte in der Antike auch die Erforschung der Sprache: Seit dem Hellenismus untersuchte man immer systematischer den Aufbau der Sprache und unterschied die verschiedenen Ebenen der Sprache (Semantik, Lautlehre, Morphologie, Syntax). Dabei entdeckte man bereits alle Kategorien der Sprache (Person, Numerus, Genus Verbi, Tempora, Modi, Wortarten, Satzglieder etc.).

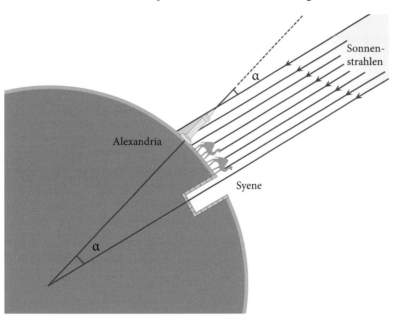

Eratosthenes' Berechnung des Erdumfangs durch Messung des Sonneneinfallswinkels in Syene und Alexandria jeweils um 12 Uhr: In Syene fallen die Sonnenstrahlen senkrecht (90°) zur Erde, in Alexandria im Winkel von 83°, d. h. mit 7° Differenz. Dies ist der ca. 50ste Teil von 360° (Gesamtkreis). Somit entspricht die Entfernung Alexandria-Syene ca. dem 50sten Teil des Erdumfangs.

1   Messen Sie die Entfernung Alexandria-Syene im Atlas nach und berechnen Sie danach den Erdumfang.

Freundschaft und *voluptas*

11. Freundschaft und *voluptas* (Cic. fin. 1,65–68) (B)

In Epikurs Philosophie spielte die Freundschaft eine wichtige Rolle. In seinem Referat erläutert Torquatus seinem Gastgeber Cicero als letzten Punkt, wie die Freundschaft in das Konzept des Epikureismus und zur voluptās-Lehre passt.

<Torquatus>: ... Restat locus[1] huic disputationi vel[2] maxime necessarius de amicitia[3]; de qua Epicurus ita dicit omnium rerum, quas ad beate vivendum sapientia comparaverit, nihil esse maius amicitiā, nihil uberius,

5 nihil iucundius. Nec vero hoc oratione[4] solum[5], sed multo magis vitā et factis et moribus[6] comprobavit. At vero Epicurus una in domo (et[7] ea quidem angusta[8]) quam magnos quantaque amoris conspiratione[9] consentientīs[10] tenuit amicorum greges! Quod fit etiam nunc ab Epicureis[11].

10 Ut enim virtutes sic amicitiam negant[12] posse a voluptate discedere[13]. Nam cum solitudo et vita sine amicis insidiarum et metus plena sit, ratio ipsa monet amicitias comparare; quibus partis[14] confirmatur animus et a spe pariendarum[14] voluptatum seiungi[15] non potest. Atque ut

15 odia, invidiae, despicationes[16] adversantur[17] voluptatibus, sic amicitiae non modo fautrices[18] fidelissimae, sed etiam effectrices[19] sunt voluptatum tam amicis quam sibi; quibus[20] non solum praesentibus[21] fruuntur[22], sed etiam spe posteri temporis eriguntur[23].

20 Quia nullo modo sine amicitia firmam et perpetuam iucunditatem vitae tenere possumus neque vero ipsam amicitiam tueri, nisi aeque[24] amicos et nosmet[25] ipsos diligamus, idcirco[26] et hoc ipsum[27] efficitur in amicitia, et amicitia cum voluptate conectitur. Nam et laetamur

25 amicorum laetitia aeque atque[28] nostra et pariter dolemus angoribus[29].

---

1 locus: Thema, Gesichtspunkt – **2 vel:** *hier:* sogar – **3 dē amīcitiā:** <nämlich das Thema> über die Freundschaft

4 ōrātiō: *hier:* (seine) Worte – **5 sōlum:** nur – **6 mōrēs:** *hier:* Lebensführung – **7 et (is) quidem:** und zwar – **8 angustus:** eng – **9 cōnspīrātiō:** Harmonie – **10 cōnsentiēns:** einträchtig – **11 Epicūrēī:** die Epikureer

12 negant: *Subjekt:* manche (Philosophen) – **13 discēdere ab:** *hier:* trennbar sein von – **14 parere,** pariō, peperī, partum: erlangen – **15 sēiungere:** trennen – **16 dēspicātiō:** Verächtlichkeit – **17 adversārī** + *Dat.:* entgegenstehen – **18 fautrīx:** Beschützerin – **19 effectrīx:** Urheberin, Erzeugerin – **20 quibus:** *bezieht sich auf* voluptātum – **21 praesentibus:** *prädikativ:* wenn sie anwesend sind – **22 fruuntur/ēriguntur:** *Subjekt sind die* amīcitiae; fruī: *hier:* profitieren – **23 ērigere:** aufbauen

24 aequē: in gleicher Weise – **25 nōs-met:** *verstärktes* nōs – **26 idcircō:** daher *(hier beginnt der Hauptsatz)* – **27 hoc ipsum:** *gemeint ist die Verbindung von* Freundschaft und »Lust« – **28 aequē atque:** ebenso wie – **29 angor:** Angst

Quocirca eodem[30] modo sapiens erit affectus[31] erga ami-
cum, quo[30] in se ipsum; quosque labores propter suam
voluptatem susciperet[32], eosdem suscipiet propter amici
30 voluptatem. Quae que de virtutibus dicta sunt, quemadmodum eae semper voluptatibus inhaererent[33], eadem de
amicitia dicenda sunt. Praeclare enim Epicurus his paene
verbis: »Eadem«, inquit, »scientia[34] confirmavit animum,
ne quod[35] malum aut sempiternum aut diuturnum time-
35 ret, quae perspexit[36] in hoc ipso vitae spatio[37] amicitiae
praesidium esse firmissimum«.

30 īdem quī: derselbe wie –
31 affectum esse ergā: eingestellt
sein gegenüber – 32 susciperet =
Irrealis

33 inhaerēre + *Dat.*: verbunden
sein mit – 34 scientia: *hier:*
Einsicht – 35 quod = aliquod –
36 perspicere: *hier:* erkennen –
37 vītae spatium: Lebensspanne

1   *Vor der Übersetzung:* Stellen Sie im Text Ausdrücke zusammen, die zum Sachfeld »Freundschaft«
    passen (ggf. als Tabelle).

2   Beschreiben Sie den Stil und die sprachliche Gestaltung des Textes.

3   Stellen Sie die wesentlichen Elemente von Epikurs Freundschaftslehre und ihren Zusammenhang
    mit der *voluptās* aus dem Text zusammen.

4   Beurteilen Sie Epikurs Freundschaftslehre: Entspricht seine Auffassung auch Ihren Erfahrungen
    mit Freundschaft?

5   Informieren Sie sich über die *amīcitia* als politischen Wert der römischen Gesellschaft und
    vergleichen Sie mit Epikurs Konzept.

S   »selbst«: *idem* ≠ *ipse* richtig übersetzen

Die lateinischen Pronomina *idem* »derselbe« und *ipse* »selbst« haben eine unterschiedliche
Bedeutung:

–   *īdem, eadem, idem* drücken eine echte Gleichheit aus; nach *idem* folgt oft *atque* oder
    ein Relativpronomen in der Bedeutung »wie«.
    voluptas idem quod indolentia est: Lust ist dasselbe wie Schmerzfreiheit.
    eodem modo ago quo ceteri: Ich handle auf dieselbe Weise wie die anderen.

–   *ipse, ipsa, ipsum* dagegen heben ein Wort oder einen Sachverhalt besonders hervor, so
    dass sich speziell dieses Pronomen verschieden übersetzen lässt (»eben, genau, gerade«
    u. ä.):
    ipse respondeo: Ich antworte selbst/meinerseits.
    hoc ipsum bonum est: Genau dies ist gut.
    voluptatem ipsam nemo odit: Gerade die Lust hasst niemand.
    ea ipsa, quae Epicurus dicit, explico: Eben das, was Epikur sagt, erkläre ich.

12. Die Praxis philosophischer Diskussionen (Cic. fin. 1,72–2,2) (A)

Torquatus beendet schließlich seine lange Darlegung und Cicero darf wieder das Wort ergreifen. In diesem Abschnitt erfährt der Leser einiges über die Art des Redens in den unterschiedlichen Philosophenschulen.

Quae cum <*Torquatus*> dixisset, »Explicavi,« inquit, »sententiam meam, et eo quidem consilio[1], ut tuum iudicium cognoscerem; nam mihi ea facultas, ut id meo arbitratu[2] facerem, ante hoc tempus numquam est data.«

5 Hic cum uterque[3] me intueretur seseque[4] ad audiendum significarent paratos <esse>:

»Primum,« inquam, deprecor[5], ne me tamquam philosophum putetis scholam[6] vobis aliquam explicaturum, quod ne in ipsis quidem philosophis magnopere umquam

10 probavi[7]. Quando enim Socrates, qui parens[8] philosophiae iure dici[9] potest, quicquam tale fecit? Eorum erat iste mos[10], qui tum ›sophistae‹[11] nominabantur; quorum e numero primus est ausus Leontinus Gorgias[12] in conventu[13] poscere quaestionem, id[14] est iubere dicere,

15 qua de re quis[15] vellet audire. Audax negotium, dicerem, impudens[16] <negotium>, nisi hoc institutum[17] postea translatum ad philosophos nostros esset.

Sed et illum, quem nominavi, et ceteros sophistas[11], lusos[18] videmus a Socrate. Is enim percontando[19] atque inter-

20 rogando elicere[20] solebat eorum opiniones, quibuscum disserebat, ut ad ea, quae ii respondissent, si quid[21] videretur, diceret[22].

Cicero beschreibt die Gewohnheit der hellenistischen Philosophen, (statt lebendiger Dialoge) längere Reden und Gegenreden zu halten.

---

1 cōnsilium: *hier:* Absicht – **2 arbitrātus:** Gutdünken

3 uterque: beide (= *Triarius und Torquatus*) – **4 sēsēque** = et sē – **5 dēprecārī:** bitten – **6 schola:** *hier:* (schulmäßige) Vorlesung, Vortrag – **7 probāre:** *hier:* für angemessen halten – **8 parēns:** Stammvater – **9 dīcere:** *hier:* nennen; bezeichnen – **10 mōs:** *Gewohnheit der Sophisten, öffentliche Vorträge zu halten* – **11 sophistae:** Sophisten (*s. u.*) – **12 Gorgias** *von* **Leontinoi** (*Sophist, s. u.*) – **13 conventus:** Versammlung – **14 id … dīcere:** das heißt <die Zuhörer> aufzufordern, zu sagen … – **15 quis** = aliquis: *hier:* man – **16 impudēns:** unverschämt – **17 īnstitūtum:** Gewohnheit

18 lūdere: *hier:* auf den Arm nehmen – **19 percontārī:** ausfragen – **20 ēlicere:** herauslocken – **21 sī quid vidērētur:** wenn es ihm irgendwie passend schien – **22 dīcere ad:** *hier:* darauf eingehen

| relat. Satzanschluss; Irrealis – iudicium; audire; audere; audax; explicare; nominare

Quod quidem iam[23] fit etiam in Academia[24]. Ubi enim is, qui audire vult, ita dixit: ›Voluptas mihi videtur esse
25 summum bonum‹, perpetua oratione contra disputatur.

23 iam: *hier:* nunmehr, inzwischen – 24 Acadēmia: Akademie *(platonische Philosophenschule)*

Cicero will nun v. a. die voluptās-*Lehre Epikurs kritisieren.*

1 Beschreiben Sie, wie Cicero jeweils Sokrates und die Sophisten in seiner Darlegung wertet.

2 Vergleichen Sie die Philosophie der platonischen Akademie mit der Sophistik: Wo liegen (trotz Platons Polemik) Gemeinsamkeiten?

K Die griechischen Sophisten: Scharlatane oder Aufklärer?

Im 5. Jh. v. Chr. kam in Griechenland eine neue geistige Bewegung auf, die viele alte Normen und Werte umstieß: die sog. »Sophisten« (»Weisheitslehrer«). Benannt sind sie nach dem griechischen Adjektiv *sophós,* das etwa bedeutet: »gebildet, gelehrt, geschickt, klug, weise«.

Die Sophisten vermittelten in der Regel gegen Bezahlung Wissen und rhetorische Kompetenz, die besonders in demokratischen Stadtstaaten wie Athen gefragt war. In ihren Lehren erwiesen sich die Sophisten als erste Relativisten, die wie Gorgias (ca. 485–380 v. Chr.) alles in Frage stellten und bezweifelten, so z. B. die Existenz der Götter oder die Möglichkeit objektiver Erkenntnis. Für den Sophisten Protagoras (ca. 480–410 v. Chr.) war »der Mensch das Maß aller Dinge« (*homo-mensura*-Satz); d. h. ob eine Sache existiert oder wie sie ist, liegt letztlich in der subjektiven Wahrnehmung des Menschen begründet.

Platon polemisiert heftig gegen diese Bewegung, allerdings dürfte sein Lehrer Sokrates auch eine Art Sophist gewesen sein – nur dass er seine Weisheit kostenlos vermittelte. Ciceros Behauptung, Sokrates sei der eigentliche Stammvater der Philosophie, ist insofern nicht richtig, ganz abgesehen davon, dass natürlich schon die »Vor-«Sokratiker Philosophie betrieben haben.

13. Sprachprobleme – was bedeutet *voluptas?* (Cic. fin. 2,9–11) (B)

In einem lebendigen Dialog versucht Cicero seinem Gast Torquatus vor Augen zu führen, dass die Bezeichnung voluptās *an sich im Lateinischen problematisch ist und eigentlich nicht dasselbe bezeichnet wie »schmerzfrei sein« oder gar für eine »Tugend« gehalten werden kann. Aber die beiden reden aneinander vorbei:*

<*Torquatus:*> »Ut paulo ante docui, augendae voluptatis finis[1] est doloris omnis amotio[2].«

<*Cicero:*> »Aliam[3] vero vim voluptatis esse, aliam <vim> nihil dolendi <esse>, nisi valde pertinax[4] fueris, concedas

5 necesse est.«

<*Torquatus:*> »Atqui reperies <me>,« inquit, »in hoc quidem pertinacem[4]; dici enim nihil potest verius[5].«

<*Cicero:*> »Estne, quaeso,« inquam, »sitienti[6] in bibendo voluptas?«

10 <*Torquatus:*> »Quis istud possit,« inquit, »negare?«

<*Cicero:*> »Eademne[7] <voluptas>, quae[7] restinctā[8] siti[9]?«

<*Torquatus:*> »Immo[10] alio genere[11]; restincta[8] enim sitis[9] stabilitatem[12] voluptatis habet;« inquit, »illa autem voluptas ipsius restinctionis[13] in motu[14] est.«

15 <*Cicero:*> »Cur igitur,« inquam, »res tam dissimiles eodem nomine appellas?«

<*Torquatus:*> »Nonne meministi,« inquit, »quid paulo ante dixerim? voluptatem[15] variari, non augeri, cum omnis dolor detractus esset!«

20 <*Cicero:*> »Memini vero,« inquam; »sed tu istuc[16] dixti[17] bene Latine, parum plane. ›Varietas‹ enim Latinum verbum est …«

Cicero erläutert, was varietās *für ihn bedeutet: »Veränderung, Unterschiedlichkeit«; Torquatus' Gebrauch des Wortes versteht Cicero hingegen nicht, denn danach gibt es entweder nur Lust oder keine Lust.*

---

1 **fīnis:** Höhepunkt, Gipfel –
2 **āmōtiō:** Entfernung –
3 **aliam … necesse est:** Du musst – wenn du nicht ganz widerborstig sein möchtest – zugeben, dass »Lust« eine andere Bedeutung hat als Schmerzfreiheit – 4 **pertināx:** widerborstig – 5 **vērius:** wahreres *(als dass Lust gleich Schmerzfreiheit ist)*

6 **sitīre:** Durst haben

7 **īdem quī:** derselbe wie –
8 **restinguere,** -stinguō, -stinxī, -stinctum: löschen – 9 **sitis** *(i-Dekl.):* Durst – 10 **immō:** nein – 11 **genus:** *hier:* Art und Weise – 12 **stabilitās:** dauerhafter Zustand – 13 **restinctiō:** das Löschen – 14 **mōtus:** Ablauf, Prozess

15 **voluptātem:** *leitet einen AcI (abhängig von* dīxerim*) ein:* nämlich, dass die Lust … –
16 **istuc** = istud – 17 **dīxtī:** *umgangsssprl.* = dīxistī

»Sed <ais> non augeri illam non dolendi voluptatem; quam cur voluptatem appelles, nescio.«

25 <*Torquatus:*> »An[18] potest,« inquit ille, »quicquam esse suavius quam nihil dolere?«

18 an: *Fragepartikel, hier: etwa, denn*

<*Cicero:*> »Immo[19] sit sane[20] nihil melius« inquam; »num propterea idem[21] voluptas est, quod[21] indolentia[22]?«

<*Torquatus:*> »Plane[23] idem <est>,« inquit, »et maxima

30 <voluptas> quidem, quā[24] fieri nullā maior <voluptas esse> potest.«

19 immō: *hier etwa:* nun gut – 20 sānē: wirklich – 21 idem quod: dasselbe wie – 22 indolentia: Schmerzfreiheit – 23 plānē: gänzlich, exakt – 24 quā: *Abl. comparationis:* im Vergleich zu der

<*Cicero:*> »Quid dubitas[25] igitur,« inquam, »summo bono a te ita constituto[26], ut id totum in non dolendo sit, id tenere unum, id tueri, id defendere? Quid enim necesse est

35 voluptatem in virtutum concilium adducere? Invidiosum nomen[27] est, infame, suspectum[28]!«

25 dubitāre + *Inf.* (*hier:* tenēre): zögern zu – 26 cōnstituere: bestimmen, definieren – 27 nōmen: *nämlich der Name der* voluptās – 28 suspectus: verdächtig

1 Weisen Sie sprechsprachliche Elemente am Text nach.

2 Cicero und Torquatus reden im Grunde genommen aneinander vorbei: Erläutern Sie dies an einer oder mehreren Stellen im Text.

3 Arbeiten Sie heraus, wie Cicero und Torquatus jeweils die »Richtigkeit« von Wortbedeutungen (z. B. *voluptās* oder *variārī/varietās*) feststellen.

4 Wörter haben nicht nur eine rein sachliche Bedeutung, sondern auch eine »Konnotation« (wertende Nebenbedeutung) wie z. B. »pauken« (negativ-umgangssprachlich) im Gegensatz zu »lernen« (neutral). Erläutern Sie dies anhand des Wortes *voluptās* im letzten Textabschnitt.

(Cartoon: © Winfried Besslich)

14. Ist der Mensch zum Honigschlecken geboren? (Cic. fin. 2,112–114) (A/B)

Cicero führt aus, dass der Mensch zu Höherem als zur voluptās *bestimmt sei. Dazu verwendet er ein paar Beispiele:*

»… *Wenn Xerxes*[1] *mit all seinen riesigen Truppen und gro-ßen Strapazen nur nach Griechenland gekommen wäre, um dort auf dem Hymettos*[2] *Honig*[3] *zu holen, hätte man ihm gesagt, der Aufwand habe nicht gelohnt. Auch ein Gelehrter, der sich unter größter Anstrengung seine ganze Bildung nur um der Lust willen angeeignet hätte, wäre damit zu vergleichen.*

1 Xerxes: *Persischer Großkönig, der 480 v.Chr. einen (vergeb-lichen) Feldzug nach Griechenland unternahm* – **2 Hymettos:** *Berg in Attika, dessen Honig offenbar besonders gut schmeckte* – **3 Honig:** *versinnbildlicht hier die* »Lust«

Ad altiora quaedam et magnificentiora[4], mihi crede, Torquate, nati sumus.

4 magnificentior: *Komparativ von* magnificus: *großartig*

Nec id ex animi[5] solum partibus <oritur>,

in quibus inest[6] memoria rerum innumerabilium,

5 inest coniectura[7] consequentium[8] non multum a divinatione[9] differens,

inest moderator[10] cupiditatis pudor,

inest ad humanam societatem iustitiae fida custodia[11],

inest in perpetiendis laboribus adeundisque[12] periculis

10 firma et stabilis doloris mortisque contemptio[13];

ergo haec in animis <inest[6]>.

5 partēs animī: Rolle/Aufgaben des Geistes – **6 inesse in:** gehören zu – **7 coniectūra:** Erwartung – **8 cōnsequentia** *n.Pl.:* zukünftige Dinge – **9 dīvinātiō:** Weissagung – **10 moderātor:** Mäßiger – **11 cūstōdia:** Bewahrung – **12 adīre:** auf sich nehmen, bestehen – **13 contemptiō:** Verachtung

Tu autem etiam membra ipsa sensusque considera,

qui tibi, ut reliquae corporis partes, non comites solum virtutum, sed ministri etiam videbuntur.

15 Quid? Si in ipso corpore multa voluptati praeponenda sunt (ut[14] vires, valitudo, velocitas, pulchritudo): quid tandem in animis censes? In quibus doctissimi illi veteres[15] inesse quiddam caeleste et divinum putaverunt.«

14 ut: wie zum Beispiel – **15 veterēs:** die »Alten«, *d.h. die Philosophen des alten Griechenland*

Quodsi esset in voluptate summum bonum, ut dicitis,

20 optabile esset maxima in voluptate dies noctesque versari, cum[16] omnes sensus dulcedine[17] omni quasi perfusi moverentur.

16 cum: wobei, während – **17 dulcēdō, inis** *f.:* Lust, Wonne

Quis est autem dignus nomine hominis, qui unum diem
totum velit esse in genere isto voluptatis?

1 *Vor der Übersetzung:* Informieren Sie sich über den Feldzug des persischen Großkönigs Xerxes
   gegen die Griechen.

2 Analysieren Sie den lateinischen Text nach auffälligen Stilmitteln und arbeiten Sie deren Funktion
   für den Inhalt heraus.

3 Erklären Sie die Funktion der beiden Beispiele des deutschen Textes für den inhaltlichen
   Zusammenhang und die Argumentation.

4 Erläutern Sie den Gegensatz zwischen *virtūs* und *voluptās,* den Cicero in der zweiten Texthälfte
   eröffnet.

5 Lesen Sie den Paralleltext aus Ciceros *De officiis* (s. u.) und ggf. noch einmal die Übersicht
   zur epikureischen Philosophie S. 20 f. Stellen Sie Gemeinsamkeiten und Unterschiede zwischen
   Cicero und Epikur zusammen.

K **Wozu ist der Mensch geboren? Die Bedeutung von *ratio* und *honestum***

In seiner Schrift De officiis *(1,11–14) gibt Cicero eine deutliche Antwort auf die Frage, was
den Menschen im Unterschied zu den übrigen Lebewesen ausmacht, nämlich die Vernunft*
(ratiō) *und ethisches Handeln* (honestum).

Der Mensch aber sieht, weil er Anteil an der Vernunft *(ratiō)* hat, durch die er die Folgen
erfasst, die Ursachen der Dinge (…); leicht sieht er den Verlauf des ganzen Lebens und
verschafft sich das Notwendige zu seiner Bewältigung.

Zugleich verbindet die Natur durch die Kraft der Vernunft den Menschen mit dem
Menschen zur Gemeinschaft von Sprache und Leben; sie pflanzt ihm v. a. eine Art Liebe
zu seinen Kindern ein und bewirkt, dass menschliche Zusammenkünfte stattfinden und
von ihm besucht werden (…).

Und v. a. ist die Suche und Erforschung der Wahrheit dem Menschen eigen. Daher
wollen wir, wenn wir frei von notwendigen Verpflichtungen und Sorgen sind, etwas sehen,
hören, dazulernen und halten die Erkenntnis verborgener oder wunderbarer Dinge für
notwendig zum erfüllten Leben. (…)

Hieraus ergibt sich das, was wir suchen, nämlich das ethisch Gute *(honestum)*; auch
wenn es nicht durch Ruhm geadelt ist, ist es dennoch ehrenvoll *(honestum)*; und es ist,
wie wir richtig sagen, auch wenn es von niemand gelobt wird, von Natur aus lobenswert.

15. Der Schluss des Gesprächs (Cic. fin. 2,119) (A)

Das angeregte Gespräch geht zu Ende: Zwar haben Torquatus und Triarius ihren Gastgeber Cicero nicht zur epikureischen Lehre bekehrt, aber man geht trotzdem freundschaftlich miteinander um.

Quae cum dixissem,

»Habeo[1],« inquit *Torquatus,* »ad quos ista referam[2]; et, quamquam aliquid ipse <tibi respondere> poteram, tamen invenire malo paratiores[3].«

5 <*Cicero:*> »Familiares nostros, credo, Sironem[4] dicis[5] et Philodemum[6], cum[7] optimos viros, tum[7] homines doctissimos.«

<*Torquatus:*> »Recte,« inquit, »intellegis.«

<*Cicero:*> »Age sane[8],« inquam. »Sed erat[9] aequius[10] Triarium aliquid de dissensione nostra iudicare.«

10 <*Torquatus:*> »Eiuro[11]!« inquit adridens, »iniquum[12] <erat> – hac quidem[13] de re. Tu enim ista lenius <disputas>; hic[14] Stoicorum more nos vexat.«

Tum *Triarius:* »Posthac[15] quidem,« inquit, »audacius <disputabo>. Nam haec ipsa mihi erunt in promptu[16], quae modo[17] audivi; nec ante aggrediar, quam te ab istis, quos dicis, instructum videro.«

Quae cum essent dicta, finem fecimus et ambulandi et disputandi.

1 habeō <aliquōs>: ich habe/kenne einige (Leute) – **2 referre ad:** *jemandem* berichten – **3 parātiōrēs** <ad respondendum tibi>: geeigneter (um dir zu antworten) – **4 Sīrōn:** *epikureischer Philosoph* – **5 dīcere:** *hier:* meinen – **6 Philodēmus:** *epikureischer Philosoph (s. o. S. 64)* – **7 cum – tum:** sowohl – als auch besonders

8 age sānē: na gut; in Ordnung – **9 erat** = fuisset – **10 aequus:** angemessen – **11 ēiūrāre:** (feierlich) abschwören; ablehnen – **12 inīquum:** unangemessen – **13 quidem:** *hier:* zumindest – **14 hīc** = Triārius

15 posthāc: in Zukunft – **16 in prōmptū:** zur Verfügung – **17 modō:** eben; gerade

---

1 Beschreiben Sie Stil und Sprachebene dieses Textes.

2 Arbeiten Sie anhand der Gesprächsführung heraus, wie Cicero die Beziehung zu seinen beiden epikureischen Gästen für den Leser präsentiert.

3 Erläutern Sie, welches Bild sich aufgrund des Textes von den Epikureern und den Stoikern ergibt.

4 Erklären Sie die Funktion des letzten Satzes für Inhalt und Wirkung des Gesamttextes: Hätte Cicero auf diese Information verzichten können?

Reste einer antiken Parkanlage (Villa Hadriana 2. Jh.n.Chr.)

S -nd-Formen und ihre Übersetzung

Meist kann man -nd-Formen in irgendeiner Weise mit »zu« übersetzen; auch ist es für die Übersetzung meist gleichgültig, ob es sich um ein Gerundium oder ein Gerundivum handelt.

Eine Ausnahme ist allerdings der Ablativ: Hier passt entweder eine ganz wörtliche Übersetzung mit einer Substantivierung des Infinitivs oder ein richtiger Nebensatz am besten.

	Gerundium	Gerundivum
Gen.	*occāsiō bibendī:* Gelegenheit des Trinkens → zu trinken	*occāsiō aquae bibendae:* Gelegenheit des Wassertrinkens → Wasser zu trinken
Akk.	*ad bibendum:* zum Trinken → um zu trinken	*ad aquam bibendam:* zum Wassertrinken → um Wasser zu trinken
Abl.	*bibendō:* durch Trinken → indem man trinkt in bibendō: beim Trinken	*aquā bibendā:* durch Wassertrinken → indem man Wasser trinkt in aquā bibendā: beim Wassertrinken

Davon unterscheiden muss man das Gerundivum (als Prädikatsnomen) mit *esse:* Es drückt eine Notwendigkeit aus, die in den übrigen -nd-Formen allerdings nicht vorhanden ist.
– *aqua bibenda est:* Wasser muss getrunken werden (»Wasser ist zu trinken«).
– *aqua bibenda non est:* Wasser darf nicht getrunken werden.

16. Das höchste Gut im Peripatos: Cic. fin. 5,24–26

Liest man alle fünf Bücher des Dialogs De finibus, *stellt sich die Frage: Was ist denn nun das höchste Gut für Cicero? Cicero hat vier Bücher lang die Definitionen der höchsten Güter bei den Epikureern (die »Lust«: voluptās) und den Stoikern (die »Tugend«: virtūs) kritisiert, ist aber eine positive Antwort schuldig geblieben.*

Im fünften Buch gibt Marcus Pupius Piso aus der Sicht der Peripatetiker eine Antwort auf diese Frage, die in etwa der Auffassung Ciceros entsprach:

Omne animal se ipsum diligit ac, simul et ortum est, id agit, se ut conservet, quod hic ei primus ad omnem vitam tuendam appetitus a natura datur …

Cum processit paulum et quatenus quicquid se attingat ad seque pertineat perspicere coepit, tum sensim incipit progredi seseque agnoscere et intellegere, quam ob causam habeat eum, quem diximus, animi appetitum coeptatque et ea, quae naturae sentit apta, appetere et propulsare contraria. Ergo omni animali illud, quod appetit, positum est in eo, quod naturae est accommodatum. Ita finis bonorum existit: secundum naturam vivere …

Quoniam autem sua cuiusque animantis natura est, necesse est finem quoque omnium hunc esse, ut natura expleatur …

Sed extrema illa et summa, quae quaerimus, inter animalium genera distincta et dispertita sunt et sua cuique propria …

Quare cum dicimus omnibus animalibus extremum esse secundum naturam vivere, non ita accipiendum est, quasi dicamus unum esse omnium extremum; … commune animalium omnium secundum naturam vivere, sed naturas esse diversas, ut aliud equo sit e natura, aliud bovi, aliud homini. …

Jedes Lebewesen liebt sich selbst, und strebt, sobald es geboren ist, nach Selbsterhaltung, weil ihm dieser Trieb als erster zum Lebenserhalt von der Natur gegeben ist.

Wenn es ein wenig vorangeschritten ist und zu verstehen begonnen hat, inwiefern alles es betrifft und beeinflusst, dann beginnt es Fortschritte zu machen, sich selbst zu erkennen und zu verstehen, welchen Grund dieser genannte Trieb hat und das, was es als naturgemäß empfindet, anzustreben und das Gegenteil zu vermeiden. Daher gründet sich für jedes Lebewesen das, was es erstrebt, in dem, was der Natur entspricht. So ergibt sich als höchstes Gut: nach der Natur zu leben …

Da aber jedes Lebewesen seine eigene Natur hat, muss es auch das Ziel aller sein, dieser Natur gerecht zu werden …

Aber die letzten und höchsten Ziele, die wir suchen, sind zwischen den Arten verschieden und heterogen und alle haben ihre Spezifika …

Wenn wir sagen, letztes Ziel aller Lebewesen sei das naturgemäße Leben, ist es daher nicht akzeptabel, zu behaupten, ein einziges sei das höchste Gut für alle; … gemeinsam ist allen Lebewesen, nach der Natur zu leben, aber die Naturen sind verschieden, so wie das Pferd, das Rind und der Mensch jeweils eine andere Natur haben …

Ut iam liceat una comprehensione omnia complecti non dubitantemque dicere omnem naturam esse servatricem sui idque habere propositum quasi finem et extremum, se ut custodiat quam in optimo sui generis statu; ut necesse sit omnium rerum, quae natura vigeant, similem esse finem, non eundem. Ex quo intellegi debet homini id esse in bonis ultimum, secundum naturam vivere, quod ita interpretemur: vivere ex hominis natura undique perfecta et nihil requirente.

Daher kann man in einem Begriff alles zusammenfassen und ohne zu zögern sagen, die gesamte Natur sei die Bewahrerin ihrer selbst und habe gewissermaßen als ihr eigentliches Ziel und Gut, sich selbst in möglichst gutem Zustand für ihre Art zu erhalten; auch müssen alle aufgrund der Natur lebenden Dinge ein ähnliches Ziel haben, nicht dasselbe. Daraus ergibt sich für den Menschen das als höchstes unter den Gütern, nach der Natur zu leben, was wir so deuten möchten: nach der menschlichen Natur zu leben, sofern sie gänzlich vollkommen ist und ohne Defekt.

1 Finden Sie für die unterstrichenen Passagen die Entsprechungen im lateinischen Text.

2 Arbeiten Sie aus dem Text die wichtigsten Bestimmungen des höchsten Guts aus peripatetischer Perspektive heraus.

3 Ergänzen Sie Pisos Ausführungen durch Ciceros Bemerkungen zur Natur des Menschen gemäß *De officiis* 1,11–14 (s. o. S. 57).

4 Diskutieren Sie, was für Sie persönlich »das« höchste Gut ist bzw. ob man so etwas überhaupt feststellen kann.

5 Diskutieren Sie, warum Cicero sich für eine Übersetzung und nicht für die Übernahme griechischer Fremdwörter entschieden hat.

K Griechische Philosophie und römische Werte

Cicero muss für seine Werke viele griechische Termini ins Lateinische übersetzen. Er übernimmt meist keine griechischen Fremdwörter (wie z. B. *philosophia*), sondern orientiert sich an bereits vorhandenen Wertbegriffen der römischen Oberschicht:

lat. Begriff	Werte: römische Oberschicht	Bedeutung: Philosophie
virtūs < *vir*	mannhaftes Verhalten: Tapferkeit; Selbstkontrolle; Erfolg	moralisch richtiges Verhalten/ Anstand; ethische Einstellung (gr. *areté*)
honestum < *honōs*	alles, was Ehre bringt: politische Ämter; militärische Siege	moralisch richtig (gr. *agathón*)
ratiō	Berechnung; Überlegung	logisches Denken, Vernunft (gr. *lógos*)

Die lateinischen Muttersprachler konnten natürlich die linke Bedeutungshälfte nicht ausblenden, sodass sie diese Texte anders lasen und verstanden als Sie heute mit Vokabelangaben.

Epikur und der Epikureismus in Italien

1. Epikurs Brief an seinen Schüler Menoikeus

a) Jedes Alter ist gut zum Philosophieren (122)

Weder in der Jugend soll man sich scheuen, sich eifrig mit Philosophie zu befassen, noch soll man im Alter müde werden zu philosophieren; es gibt nämlich keinen Menschen, der noch nicht reif genug oder zu reif wäre für die Pflege der Psyche. Wer behauptet, die Zeit zum Philosophieren sei noch nicht gekommen oder schon vorbei, sagt meines Erachtens, dass die Zeit zum Glücklichsein noch nicht da oder bereits vorbei sei. Alt und Jung sollen philosophieren, die einen um im Alter an Gütern jung zu bleiben aus Dank für das Vergangene, die anderen um jung und alt zugleich zu sein und ohne Furcht die Zukunft zu erwarten. Das, was Glück verschafft, muss man beherzigen: Wenn es da ist, haben wir alles; ist es nicht da, tun wir alles, um es zu erlangen.

b) Die richtige Lehre von den Göttern (123–124)

Trainiere meine Lehren ein, weil du das als Grundpfeiler des guten Lebens begreifen kannst. Glaube vor allem, dass Gott ein unsterbliches und glückseliges Wesen ist, wie es der bekannte Begriff von Gott voraussetzt; füge ihm nichts hinzu, das der Unsterblichkeit oder der Glückseligkeit Gottes widerspräche. Was mit der unsterblichen Glückseligkeit vereinbar ist, das übertrage auf Gott. Denn Götter existieren; evident ist ihre Erkenntnis. Wie sie sich die meisten vorstellen, so sind sie aber nicht. Gottlos ist nicht, wer die Götter der Masse abschafft, sondern wer die Eigenschaften der Masse auf die Götter überträgt. So kommt es, dass die größten Übel und Wohltaten auf die Götter zurückgeführt werden; die Menschen übertragen nämlich ihre eigenen Eigenschaften auf die Götter und halten sie für gleichartige Wesen.

c) Der Tod ist nichts (124–126)

Gewöhne dich daran zu glauben, dass der Tod für uns nicht relevant ist, denn alles Gute und Schlechte liegt in der (empirischen) Wahrnehmung. Tod bedeutet die Fortnahme der Wahrnehmung. Echter Lebensgenuss entsteht daher aus der korrekten Erkenntnis, dass der Tod für uns irrelevant ist, nicht, weil sie unendliche Lebenszeit schenkt, sondern die Sehnsucht nach Unsterblichkeit fortnimmt. Wer wirklich begriffen hat, dass nicht zu leben kein Übel ist, für den gibt es auch nichts Schlimmes im Leben. Daher ist jeder dumm, der sagt, er fürchte den Tod, nicht weil er einen ängstigt, wenn man tot ist, sondern weil er einem als etwas in der Zukunft Drohendes Angst macht. Denn das, was uns in seiner Anwesenheit nicht stört, ängstigt uns als Zukünftiges gänzlich sinnlos. Das Schlimmste der Übel, der Tod, ist daher irrelevant für uns. Wenn wir existieren, ist er nicht da, wenn er aber da ist, existieren wir nicht mehr. Der Tod betrifft also weder die Lebenden noch die Toten, denn für Erstere ist er noch nicht da, Letztere aber existieren nicht mehr für ihn. Trotzdem flieht die Menge vor dem Tod als größtem Übel, aber manche sehnen sich sogar nach ihm als Erlösung von den Katastrophen des Lebens. Der Weise lehnt daher weder das Leben ab noch fürchtet er das Nicht-Leben.

d) Die »Lust« als Gut, der Schmerz als Übel (129–130)

Auch wenn dies (die »Lust«) unser erstes und angeborenes Gut ist, wählen wir doch nicht jede »Lust«, sondern verzichten manchmal auf viele Lustempfindungen, wenn eine größere Unannehmlichkeit daraus folgt. Auch viele Schmerzen halten wir für besser als Lustempfindungen, wenn eine größere Lust für uns folgt, nachdem wir lange die Schmerzen ertragen haben. Jede »Lust« ist also von ihrer eigentlichen Naturanlage her ein Gut, aber nicht jede »Lust« ist immer erstrebenswert; wie auch jeder Schmerz ein Übel ist, aber nicht jeder von seiner Natur her gemieden werden muss.

e) Bescheidenheit macht glücklich (130–131)

Auch die Selbstgenügsamkeit (gr. *autárkeia*) halten wir für ein großes Gut, nicht um uns immer nur mit Wenigem zu begnügen, sondern damit wir, wenn nur wenig vorhanden ist, zufrieden bleiben – in der richtigen Überzeugung, dass diejenigen den Überfluss am meisten genießen, die ihn am wenigsten brauchen. Die Natur ist leicht befriedigt, die Eitelkeit dagegen nur schwer. Einfache Suppen verschaffen die gleiche »Lust« wie teure Speisen, wenn sie das schmerzhafte Mangelgefühl gänzlich beseitigen. Brotfladen und Wasser verursachen die höchste »Lust«, wenn man sie hungrig genießt. Die Gewöhnung an eine einfache und anspruchslose Lebensweise ist daher gut für die Gesundheit und macht den Menschen fit für den Alltag; und wenn es uns einmal besser geht, finden wir uns besser zurecht und haben keine Angst vor möglichem Unglück.

1 Verfassen Sie einen eigenen Glücksratgeber und verwenden Sie dabei die Maximen Epikurs, die Ihnen sinnvoll scheinen. Welche Lehren können Sie nicht gebrauchen?

2 In den Abschnitten d) und e) ist das griechische Wort *hēdoné* immer mit »Lust« wiedergegeben: Suchen Sie passendere Umschreibungen.

3 Vom griechischen Terminus *autárkeia* leitet sich das Fremdwort *Autarkie* ab: Erläutern Sie die Bedeutung anhand des Abschnitts e).

2. Epikur in Italien: Philodem, Lukrez

Die Villa dei Papiri

Der Epikureismus spielte zwar generell in der römischen Gesellschaft keine allzu große Rolle, allerdings hatte der bekannte epikureische Philosoph Philodem (ca. 110–40 v. Chr.) in Rom gewirkt und dort für seine Lehre geworben. Philodem stammte aus Gadara (Jordanland) und unterhielt in Rom mit Caesars Schwiegervater Lucius Calpurnius Piso Caesoninus eine enge Freundschaft; vermutlich hatte er sogar zu Cicero selbst freundschaftliche Beziehungen. Caesars Schwiegervater Calpurnius Piso wiederum besaß in Herculaneum bei Neapel ein prächtiges Landhaus *(villa suburbana)* mit angeschlossener Bibliothek, in der sich auch die Schriften Philodems und anderer Epikureer befanden. Daher nennt man diese Villa heute auch *Villa dei papiri* (»Villa der Papyri«). Bei den Ausgrabungen im 79 n. Chr. vom Vesuvausbruch verschütteten Herculaneum fand man viele verkohlte Papyrusrollen mit Fragmenten dieser epikureischen Autoren, die heute mühselig restauriert, entziffert und in Textausgaben veröffentlicht werden. Eine Rekonstruktion dieser prächtigen Villa des Calpurnius Piso ließ der amerikanische Millionär Paul Getty in Malibu (Kalifornien) erbauen. Man kann sie heute als Museum besichtigen, sie vermittelt einen guten Eindruck von den Dimensionen und dem Aussehen dieser Landsitze der römischen Oberschicht.

Nachbau der *Villa dei papiri* in Malibu, Kalifornien (Foto: © Wikimedia Commons)

Epikureismus und Dichtung

Befreundet mit Philodem und Cicero war weiter der griechische Philosoph Siron. Philodem und Siron gründeten in der Nähe von Neapel eine epikureische Schule, die bedeutende römische Dichter anzog: So gingen der Epiker Vergil und vermutlich der Lyriker Horaz in die Schule Sirons und wurden dort mit der epikureischen Lehre vertraut gemacht.

Epikur selbst war eigentlich kein besonderer Freund der Dichtung und warnte seine Schüler gern vor den Verführungen der Dichtkunst und ihrer Inhalte (Mythologie). Seine Nachfolger sahen dies allerdings nicht mehr so streng: So betätigte sich Philodem selbst als Dichter erotischer Epigramme. Ein erhaltenes Beispiel (*Anthologia Palatina* 5,132) lautet:

Ach, dieser Fuß! Diese Wade! Diese Schenkel! Kein Wunder,
   dass ich so verzückt bin! Dieser Po! Diese Haare! Diese Taille!
Ach, diese Schultern! Der Busen! Dieser zarte Hals!
   Diese Lippen! Diese Äuglein! Ich bin ganz von Sinnen!
Ach, diese anzüglichen Bewegungen, diese heißen
   Zungenküsse! Ach, dieses – ich halt's kaum aus – süße Stimmchen!
Auch wenn sie nur eine Oskerin ist und Flora heißt und Sapphos Lieder nicht kennt:
   Sogar Perseus hat einst die Inderin Andromeda geliebt!

Die lateinischen Autoren Vergil und Horaz waren in ihren Dichtungen ebenfalls von Epikurs Schriften oder seinen Nachfolgern beeinflusst. Der bekannteste epikureische Dichter war allerdings Lukrez.

Lukrez

Vom Leben des Lukrez ist kaum etwas Sicheres überliefert: Vermutlich wurde er bald nach 100 v. Chr. geboren und starb Mitte des 1. Jh. v. Chr. Wie der christliche Kirchenvater Hieronymus überliefert, soll Lukrez aufgrund eines Liebestranks wahnsinnig geworden sein und Selbstmord begangen haben. Doch ist dies sicher nur eine christliche Erfindung, die aus der besonderen Bedeutung der Göttin Venus und der Kraft der Sexualität im Werk des Lukrez herrührt.

Lukrez verfasste ein hexametrisches Lehrgedicht *De rerum natura* in sechs Büchern, in dem er die Lehre Epikurs ausführlich darstellt: Atome, Seele, Wahrnehmung, Weltentstehung, Naturerscheinungen und Götterfurcht. Lukrez will wie Epikur die Menschen von irrationalen Ängsten befreien und durch Naturerklärung »aufklären«. Epikur wird im Gedicht mit religiösem Pathos als Welterlöser angepriesen.

Verkohlte Papyrusrollen aus Herculaneum, Villa dei Papiri
(Foto: © Egbert/LWL)

3. Wie gefährlich ist Religion? (Lukrez 1, 80–116) (Auszüge)

Der römische Dichter Lukrez warnt in seinem Lehrgedicht De rerum natura *vor den Gefahren der Religion – oder genauer: der Götterfurcht.*

Als eindrucksvolles Beispiel für seine Lehre erzählt er den Mythos von der Opferung Iphigenies: Als die Flotte der Griechen in Aulis wegen Windstille nicht nach Troja ausfahren kann, soll ein Menschenopfer für Diana den erhofften Wind bringen. Daraufhin ist König Agamemnon bereit, seine Tochter zu opfern, wie es ihm der Priester Kalchas rät. Lukrez verwendet übrigens eine bewusst altertümlich-gehobene Sprache, um seine Leser emotional zu packen.

Dabei fürchte ich, du könntest vielleicht glauben, dass du (mit meinem Gedicht) frevelhaften Lehren der Vernunft gehorchst und den Weg des Frevels einschlägst. Aber ganz im Gegenteil hat schon oft die Götterfurcht frevelhafte und grausame Untaten verursacht. So wie in Aulis die Anführer der Griechen schändlich den Altar Dianas mit Iphigenies Blut befleckten, die Ersten unter den Männern. Als ihr die Opferbinde um die jungfräulichen Locken gelegt an beiden Seiten der Wangen herunterhing und sie sah, wie ihr Vater traurig vor dem Altar stand, neben ihm die Opferdiener das Messer versteckten und die Bürger bei ihrem Anblick Tränen vergossen, sank sie stumm vor Angst mit ihren Knien auf den Boden. Es nützte dem armen Mädchen in solcher Not nicht, dass sie die älteste Tochter war. Denn gepackt von den Händen der Männer wurde sie zitternd zum Altar gezerrt, nicht um nach feierlichem Opfer als Hochzeitsbraut begleitet zu werden, sondern um als Reine auf scheußliche Weise genau am Tage der geplanten Hochzeit (mit Achill) als trauriges Schlachtopfer durch den Hieb des Vaters hingerichtet zu werden, nur damit die Flotte (der Griechen) eine glückliche und segensreiche Ausfahrt bekäme. Zu so großen Verbrechen konnte Götterfurcht verführen! (…)

Denn wenn die Menschen ein sicheres Ende ihrer Leiden sähen, könnten sie auf eine (andere) Weise der abergläubischen Götterfurcht und den Drohungen der Priester widerstehen. Jetzt aber gibt es keinerlei Möglichkeit oder Mittel, Widerstand zu leisten, da man ja gezwungen wird, an ewige Strafen nach dem Tode zu glauben. Man hat nämlich keine Vorstellung von der Beschaffenheit der Seele, ob sie geboren ist oder im Gegenteil erst bei der Geburt mitgegeben wird, und ob sie gleichzeitig mit unserem Tode zerfällt oder ob sie die düsteren Gefilde und die weite Ödnis der Unterwelt besucht oder ob sie durch göttliche Einwirkung in die Gestalt anderer Lebewesen wandert.

1   Der Text ist von großer Dramatik geprägt, die den Leser bzw. Hörer packen soll: Weisen Sie diese Art der Darstellungstechnik am Text nach.

2   Der Text bewegt sich auf zwei inhaltlichen Ebenen: a) die Erzählung selbst und b) auktoriale Bemerkungen mit Botschaften des Erzählers an seinen Adressaten: Grenzen Sie die entsprechenden Passagen ab.

3   Diskutieren Sie, ob die Warnungen für einen Römer in der konkreten Zeit des 1. Jh. v. Chr. aktuelle Bezüge besaßen und somit ernst genommen werden konnten (siehe auch S. 48 f.).

4 Geben Sie Beispiele aus nachantiker Zeit für reale Gefahren von Religion.

5 Vergleichen Sie die Bild-Darstellung mit dem Text und weisen Sie Elemente
der Dramatik im Bild nach.

Die Opferung der Iphigenie, Ölgemälde um 1700
(Foto: © bpk/Bayerische Staatsgemäldesammlung)

4. »Nichts entsteht aus nichts« (Lukrez 1, 149–173) (C)

Im Weiteren begründet Lukrez, warum nichts aus nichts entstehen kann – oder modern gesprochen: das Masse-Erhaltungs-Gesetz. Dies meint, dass die Menge bzw. Masse der Materie in der Welt konstant ist und nicht auf wundersame Weise (z. B. durch göttliche Einwirkung) verringert oder vergrößert werden kann.

Principium[1] cuius[2] hinc nobis[3] exordia[4] sumet:

150 Nullam[5] rem e nihilo gigni[6] divinitus[7] umquam.

Quippe[8] ita formido mortalīs continet omnīs,

152 quod multa in terris fieri caeloque tuentur[9],

quorum operum[10] causas nulla ratione[11] videre

154 possunt ac fieri divino numine rentur[12].

Quas ob res, ubi viderimus nil posse creari

156 de nihilo, tum, quod sequimur[13], iam rectius inde

perspiciemus, et unde queat[14] res quaeque creari

158 et quo[15] quaeque modo fiant operā[16] sine divom[17].

Nam si de nihilo fierent, ex omnibus rebus

160 omne genus nasci posset, nil semine egeret[18].

E mare primum homines, e terra posset oriri

162 squamigerum[19] genus et volucres[20] erumpere caelo[21];

armenta[22] atque aliae pecudes, genus omne ferarum,

164 incerto partu[23] culta ac deserta[24] tenerent.

Nec fructūs īdem[25] arboribus constare solerent,

166 sed mutarentur, ferre[26] omnes omnia possent.

Quippe[8] ubi[27] non essent genitalia[28] corpora cuique,

168 qui[29] posset mater rebus consistere[30] certa?

at nunc seminibus quia certis quaeque creantur,

170 inde enascitur[31] atque oras[32] in luminis exit,

materies ubi inest cuiusque et corpora prima.

1 **prīncipium:** Grundprinzip –
2 **cuius** = unserer Lehre *(Gen.)* –
3 **nōbīs** = mihī – 4 **exōrdium:** Anfang – 5 **nūllam … gīgnī:** *AcI als indirekte Rede:* dass … –
6 **gīgnī:** entstehen – 7 **dīvīnitus:** durch göttlichen Willen –
8 **quippe:** denn – 9 **tuērī:** betrachten – 10 **operum** = rērum –
11 **ratiō:** Art und Weise – 12 **rērī:** glauben

13 **<id> quod sequimur:** *hier:* was wir erwarten, erstreben – 14 **queō:** ich kann – 15 **quō modō:** wie – 16 **operā:** Hilfe, Einwirkung – 17 **dīvom** = deōrum

18 **egēre** + *Abl.:* benötigen –
19 **squāmiger:** schuppentragend (Fische) – 20 **volucrēs:** Vögel – 21 **caelō:** vom Himmel – 22 **armenta** *Pl.:* Herdentiere, Großvieh – 23 **partus:** Herkunft – 24 **dēserta** *Pl.:* unbebautes Land, Wüste – 25 **īdem** = iīdem – 26 **ferre:** *hier:* erzeugen, erschaffen

27 **ubi:** wenn in diesem Falle – 28 **genitālis:** befruchtend – 29 **quī:** wie – 30 **cōnsistere** = esse – 31 **ēnāscitur:** *Subjekt ist* »alles« – 32 **ōra:** Gefilde

Hyperbaton; Irrealis – mortalis; divinus; numen; creare; oriri

172   Atque hac re nequeunt[33] ex omnibus omnia gigni,

quod certis in rebus inest secreta[34] facultas[35].

33 **nequeō:** ich kann nicht –
34 **sēcrētus:** unterschiedlich –
35 **facultās:** Naturanlage

S   Wortstellung in der Dichtung

a) Präpositionale Ausdrücke: Manchmal steht die Präposition hinter dem Substantiv und dann oft zwischen Substantiv und Attribut:
operā sine dīvom »ohne Hilfe der Götter«
ōrās in lūminis »in die Gefilde des Lichts«

b) Subordinatoren: Unterordnende Konjunktionen oder Relativpronomina stehen oft mitten im Nebensatz und nicht am Anfang:
at nunc sēminibus quia certīs quaeque creantur = quia quaeque … creantur;
māteriēs ubi inest = ubi māteriēs …

1   Erschließen Sie den Text mithilfe des Sachfeldes »zeugen/entstehen«.

2   *Statt einer Übersetzung:* Erschließen Sie den Text inhaltlich, indem Sie abschnittweise folgende Fragen beantworten:

Abschnitt 1: Was kann nie geschehen? Warum haben alle Menschen Angst?

Abschnitt 2: Was erkennen wir besser, wenn wir verstanden haben, dass »nichts aus nichts entsteht«?

Abschnitt 3: Was könnte mit folgenden Lebewesen geschehen, wenn dieses Naturgesetz nicht gültig wäre: Menschen, Fische, Vögel, Vieh, Bäume?

Abschnitt 4: Wovon wird jetzt alles erzeugt? Wo wohnt der Stoff von allem? Wie beschaffen ist die Naturanlage der Dinge?

Gott als Schöpfer von Mensch und Geist (Cartoon: © A. Altschaffel)

Lernwortschatz

1. Der Einstieg (fin. 1,1–2; 10)

reprehendere, -prehendō, -prehendī, -prehēnsum	kritisieren, tadeln
litterae *f. Pl.*	Literatur; Wissenschaft
philosophārī	philosophieren
opera	Mühe; Hilfe
5 contemnere, -temnō, -tempsī, -temptum	verachten, herabsehen auf
suspicārī	argwöhnen, vermuten
genus, generis *n.*	Art; Geschlecht
disserere, -serō, -seruī, -sertum	darlegen, erörtern, diskutieren
vulgō	meistens, im Allgemeinen
10 vērō	1. aber 2. wirklich
prōfectō	tatsächlich, in der Tat
doctus	gebildet, gelehrt

3. Das Gespräch beginnt (fin. 1,12–15)

quaestiō, quaestiōnis *f.*	Frage, Problem
fīnis, is *m.*	Ende; Grenze; das Äußerste
ferē	im Wesentlichen, meistenteils; im Allgemeinen; ungefähr
explicāre, -plicō, -plicuī, -plicātum	entfalten, erklären
5 probāre	für richtig halten, billigen
singulī, -ae, -a	einzelne
disciplīna	Lehre, Schule; Ausbildung
doctrīna	Bildung; Gelehrsamkeit
ērudītus + *Abl.*	gebildet in
10 adolēscēns, -entis *m.*	junger Mann
disputātiō, -tiōnis *f.*	Gespräch, Diskussion
uterque, utraque, utrumque (*Gen.* utrīusque, *Dat.* utrīque)	beide, jeder von beiden
nancīscī, nancīscor, nactus sum	erreichen, antreffen
ōdisse, ōdī (*nur Pf.-Form*)	hassen
15 pertinēre ad, -tineō, -tinuī, -tentum	beitragen zu, gehören zu
beātus	glückselig, innerlich glücklich
dēlēctāre	erfreuen
fallere, fallō, fefellī	täuschen
fallī	sich täuschen/getäuscht werden

20 tot – quot   so viele – wie viele

nōvisse, nōvī *(Pf.)*   kennen, wissen

1. Atomlehre (fin. 1,17–18)

prīncipium	Anfang, Ursprung
prīncipiō	zunächst einmal; am Anfang
physica, ōrum *n.*	Naturwissenschaft; Physik
mūtāre	verändern; verwandeln; (ver)tauschen
5 cēnsēre, cēnseō, cēnsui, cēnsum	glauben, meinen
átomus, ī *f.*	Atom
indīviduus	unteilbar
inānis, e	leer
ferrī, feror, lātus sum	sich bewegen
10 efficere, efficiō, effēcī, effectum	bewirken, schaffen
quisque, quaeque, quidque	ein jedes
aeternus	ewig
cum – tum	ohnehin schon – aber besonders
māteria	Stoff, Materie
15 commūnis, e	gemeinsam
vitium	Fehler
mōtus, mōtūs *m.*	Bewegung

2. Schwächen in Epikurs Atomlehre (fin. 1,19–21)

attingere, attingō, attigī, attāctum	berühren
dēclīnāre	in der Bewegung abweichen
mundus	Welt, Kosmos
fingere, fingō, finxī, fictum	ausdenken, erfinden
5 nē – quidem	nicht einmal
turpis, e	schändlich, schlimm
quisquam, quicquam	(irgend)jemand, (irgend)etwas
petere, petō, petīvī, petītum	anstreben, sich irgendwohin bewegen
assequī, assequor, assecūtus sum	erreichen
10 umquam	jemals
corrumpere, -rumpō, -rūpī, -ruptum	verderben, verschlechtern
imāgō, imāginis *f.*	Abbild
ināne, -is *n.*	leerer Raum, Vakuum
orīrī, orior, ortus sum	entstehen
15 interīre, intereō, interiī, interitum	untergehen, vergehen
cotīdiē	täglich

1. *voluptas* als *summum bonum* (fin. 1,29)

assentīrī, assentior, assēnsus sum	zustimmen
modō *(Konjunktion)*	wenn nur
aequitās, -tātis *f.*	Fairness, Gerechtigkeit
ostendere, -tendō, -tendī, tentum	zeigen
5 perpetuus	langdauernd, durchgehend
exordīrī, -ordior, -orsus sum	anfangen
cōnstituere, cōnstituō, cōnstituī, cōnstitūtum	festsetzen, bestimmen
quaerere (de), quaerō, quaesīvī, quaesītum	untersuchen, erforschen; fragen
ratiō, ratiōnis *f.*	Art und Weise; Vernunft; Methode
10 pōnere in + *Abl.,* pōnō, posuī, positum	gründen auf
summum bonum	das höchste Gut

2. *voluptas* und *dolor* (fin. 1,30)

animal, animālis *n.*	Lebewesen
nāscī, nāscor, nātus sum	geboren werden, entstehen
appetere, appetō, appetīvī, appetītum	anstreben, suchen
aspernārī	verschmähen, vermeiden
5 repellere, repellō, reppulī, repulsum	zurückweisen
nōndum	noch nicht
iūdicāre	urteilen
negāre	leugnen; sagen, dass nicht
opus est	es ist nötig
10 expetere, -petō, -petīvī, -petītum	erstreben, anstreben
sentīre, sentiō, sēnsī, sēnsum	spüren, wahrnehmen, fühlen
albus	weiß
oportet, oportuit	es ist nötig, man muss
nōn oportet	man darf nicht
15 cōnfirmāre	bestätigen, bekräftigen
satis	genug
interest inter, interfuit	es besteht ein Unterschied zwischen
dētrahere, -trahō, -trāxī, -trāctum	fortnehmen
necesse est	es ist nötig, man muss
20 percipere, percipiō, percēpī, perceptum	erfassen, begreifen, wahrnehmen

3. *voluptas* – ein Missverständnis (fin. 1,32)

quasi	gewissermaßen; als ob
aspernārī	verschmähen, vermeiden

ōdisse, ōdī *(nur Pf.-Formen)*	hassen
cōnsequī, -sequī, -secūtus sum	*Grundbedeutung:* folgen (auf) → zuteil werden; erreichen
5 porrō	ferner, außerdem
adipīscī, adipīscor, adeptus sum	erreichen
nōnnumquam	manchmal
eius modī	derartig
incidere, incidō, incidī	eintreten; vorkommen

4. *voluptas* als Produkt von Unlust (fin. 1,32)

commodum	Vorteil, Nutzen
iūre	zu Recht
reprehendere, reprehendō, reprehēnsī, reprehēnsum	kritisieren, tadeln
molestia	Unannehmlichkeit; Unlust
5 parere, pariō, peperī, partum	gewinnen, (ver)schaffen
dignus + *Abl.*	(einer Sache) würdig
cupiditās, tātis *f.*	Gier
prōvidēre, -videō, -vīdī, -vīsum	vorhersehen; + *Dat.:* sorgen für
officium	Verpflichtung
10 distinctiō, tiōnis *f.*	Unterscheidung
impedīre, nē/quōminus	vermeiden, dass
repellere, repellō, reppulī, repulsum	von sich fernhalten, vermeiden
ēvenīre, ēvenit, ēvēnit, ut	es kommt vor/geschieht, dass

5. Definition der Lust (fin. 1,37–38)

tollere, tollō, sustulī, sublātum	beseitigen
disciplīna	(philosophische) Lehre, Schule; Ausbildung
continēns, -tinentis	mäßig, enthaltsam
suāvitās, -tātis *f.*	Reiz, Annehmlichkeit; Süße
5 sēnsus, ūs *m.*	(sinnliche) Wahrnehmung
dētrahere, -trahō, -trāxī, -trāctum	entfernen, fortnehmen
prīvāre + *Abl.*	befreien von
afferre, afferō, attulī, allātum	produzieren, bewirken
medius	mittlerer
10 quiddam	etwas
carēre, careō, caruī + *Abl.*	nicht haben, entbehren
nōn modō – vērum etiam	nicht nur – sondern auch
quisquis *m./f.*, quicquid *n.*	jeder, der; *(n.:)* alles was

quemadmodum	wie
15 distinguere, -tinguō, -tinxī, -tinctum	unterscheiden
augēre, augeō, auxī, auctum	vermehren, vergrößern

6. Der Beweis (fin. 1,40–42)

fruī, fruor, fructus sum + *Abl.*	genießen
status, ūs *m.*	Zustand
expetere, -petō, -petīvī, -petītum	erstreben
firmitās, tātis *f.*	Festigkeit
5 solēre, soleō, solitus sum + *Inf.*	pflegen zu
cōnsōlārī	trösten
accēdere, accēdō, accessī, accessum	hinzukommen
nūmen, nūminis *n.*	göttliche Macht, göttlicher Wille
patī, patior, passus sum	zulassen; erleiden
10 quid est quod + *Konj.*	was ist der Grund, dass
contrā	dagegen; im Gegenteil
tantus – quantus	so groß – wie (groß)
quodsī	wenn nun
fatērī, fateor, fassus sum	zugeben; bekennen
15 iūcundus	angenehm

7. Die *voluptas* des Weisen (fin. 1,62–63)

quisquam *m./f.*, quicquam *n.*	(irgend)jemand, (irgend)etwas
negāre	leugnen; sagen, dass nicht
honestus	ehrenvoll; sittlich gut
ratiō, ratiōnis *f.*	Art und Weise; Vernunft; Methode
5 cupiditās, -tātis *f.*	Gier, Begierde
neglegere, neglegō, neglexī, neglectum	vernachlässigen, verachten
metus, -ūs *m.*	Angst
dubitāre	zweifeln;
	(+ *Inf.*) zögern zu
īnstruere, -struō, -struxī, -structum	ausrüsten; ausbilden
10 ūllus	irgendein
grātus	dankbar; angenehm
animadvertere, -vertō, -vertī, -versum	wahrnehmen, bemerken
quam + *Adj./Adj.*	wie
Komparativ + quam	als
quam iūcundus	wie angenehm
melius quam	besser als

vitium	Fehler, Laster
15 abesse ab, absum, āfuī	entfernt sein von
comparāre cum	vergleichen mit
cōnsilium	Überlegung, Plan, Einsicht
aetās, aetātis *f.*	Zeit, Lebenszeit; Alter

9. Seelenruhe durch Naturwissenschaft (fin. 1,63–64)

disserere, -serō, -seruī, -sertum	erörtern, diskutieren
physica, ōrum *n.Pl.*	Naturwissenschaft; Physik
scientia	Wissen; Wissenschaft
superstitiō, -tiōnis *f.*	Aberglaube
5 conturbāre	verwirren
ignōrātiō, -tiōnis *f.*	Unwissen
discere, discō, didicī	lernen
dēsīderāre	verlangen; sich sehnen nach
iūdicium	Urteil
10 cōnstantia	Standhaftigkeit, Festigkeit

11. Freundschaft und *voluptas* (fin. 1,65–68)

restāre, restō, restitī	übrig bleiben
disputātiō, -tiōnis *f.*	Erörterung
comparāre	(sich) verschaffen, besorgen
et quidem	und zwar
5 sōlitūdō, -tūdinis *f.*	Einsamkeit
īnsidiae *Pl.*	Nachstellungen; Hinterhalt
parere, pariō, peperī, partum	erlangen, (ver)schaffen
fidēlis, e	treu
perpetuus	langwährend, dauerhaft
10 tuērī, tueor	bewahren; schützen
-met	*verstärkt Pronomina*
pariter	in gleicher Weise
dolēre, doleō, doluī + *Abl.*	Schmerz empfinden über
eōdem modō quō	auf dieselbe Weise wie
15 suscipere, -cipiō, -cēpī, -ceptum	auf sich nehmen
praesidium	Schutz

12. Die Praxis philosophischer Diskussionen (fin. 1,72–2,2)

	facultās, -tātis *f.*	Möglichkeit; Fähigkeit
	intuērī, intueor	ansehen, anblicken
	significāre	bezeichnen; bedeuten; zu erkennen geben
	magnopere	sehr
5	nōmināre	nennen
	audāx, audācis	kühn, dreist
	negōtium	Aufgabe; Geschäft

13. Sprachprobleme (fin. 2,9–11)

	concēdere, -cēdō, -cessī, -cessum	zugeben; erlauben
	reperīre, reperiō, repperī, repertum	finden
	appellāre	benennen; rufen
	parum	zu wenig
5	trānsferre, -ferō, -tulī, -lātum	übertragen
	varius	verschieden(artig)
	īdem quī	derselbe wie

14. Ist der Mensch … (fin. 2,112–114)

	magnificus	großartig
	memoria + *Gen.*	Erinnerung an
	differre ab, differō, distulī	sich unterscheiden von
	pudor, -ōris *m.*	Scham(gefühl)
5	societās, -tātis *f.*	Gemeinschaft; Gesellschaft
	fīdus	treu
	perpetī, perpetior, perpessus sum	erleiden
	adīre, adeō, adiī, aditum + *Akk.*	herangehen an; angehen, auf sich nehmen
	membrum	Körperteil; Glied
10	comes, comitis	Begleiter

15. Schluss (fin. 2,119)

	familiāris	vertraut; *Subst.* Freund; Angehöriger
	iūdicāre	urteilen, entscheiden
	inīquus	ungerecht, unangemessen; ungleich
	vexāre	quälen, plagen

Wichtige Stilmittel und ihre Funktionen

Alliteration (die): Gleicher Anlaut in aufeinanderfolgenden Wörtern.
(liberamur) mortis metu: Alliteration unterstreicht die Todesfurcht.

Anapher (die): Wiederaufnahme des gleichen Wortes am Anfang aufeinanderfolgender Wortgruppen oder Sätze.
Epicurus dicit nihil esse maius amicitia, nihil uberius, nihil iucundius: Das anaphorische Wiederholen der Negationen hämmert die Macht der Freundschaft ein.

Antithese (die): Gegenüberstellung gedanklich entgegengesetzter Wörter, Wortgruppen oder Sätze. *liberamur mortis metu, non conturbamur ignoratione rerum:* Der Gegensatz von geistiger Befreiung und geistiger Verwirrung wird (asyndetisch) betont.

Asyndeton: *nemo est, qui dolorem amet, consectetur, adipisci velit:* Die Auslassung der Konjunktion *et/aut* lässt den Ausdruck knapper wirken.

Chiasmus (der): Überkreuzstellung einander entsprechender Begriffe oder Satzteile (benannt nach dem griechischen Buchstaben X = Chi):
*et **verborum** vis,*

*et natura **orationis** potest perspici*

Die Wortstellung verdeutlicht die Parallelisierung und zugleich Gegenüberstellung von *verborum/orationis* sowie *vis/natura*.

Ellipse (die): Auslassung von Wörtern oder Satzteilen. *neque stultorum quisquam beatus, neque sapientium non beatus:* Die Auslassung von *est* macht die Aussage knapper und eindringlicher.

Hypérbaton (das): Zusammengehörige Wörter eines Satzglieds sind von anderen Wörtern getrennt. *omnes magnam aliquam quaerunt voluptatem:* Die Sperrung von *magnam ... voluptatem* hebt das Substantiv besonders hervor.

Klimax (die): Qualitative oder quantitative Steigerung. *nemo est, qui dolorem amet, consectetur, adipisci velit:* Die Steigerung vom Lieben über das Verfolgen bis zum Erreichen unterstreicht die Ablehnung des Schmerzes.

Metonymie (die): Ein Wort wird durch ein anderes aus einem verwandten Sachbereich ersetzt: *ferrum ~ gladius:* Das Material (Eisen) steht hier für den daraus gefertigten Gegenstand.

Parádoxon (das): Überraschende Aussage, die auf den ersten Blick nicht sinnvoll erscheint: *voluptas mihi videtur esse summum bonum:* Die scheinbar widersprüchliche Aussage von Lust und Gut kann den Hörer provozieren.

Parallelismus (der): gleicher Bau einander entsprechender Satzglieder bei annähernd gleicher Wortzahl. *levamur superstitione, liberamur mortis metu:* Die abergläubische Furcht und die Angst vor dem Tode werden parallelisierend aufgezählt.

Personifikation: Personifizierung von Sachen oder Abstrakta: *Dea Virtus* als vergöttlichte Tugend.

Polýptoton (das): Wiederholung desselben Wortes mit unterschiedlicher Endung: *hoc ipsum efficitur in amicitiā, et amicitiā cum voluptate conectitur:* Die Freundschaft wird in ihren verschiedenen Facetten durch die Wiederholung hervorgehoben.

Polysýndeton (das): Verwendung von Verbindungspartikeln zwischen parallel gestellten Wörtern, Wortgruppen oder Sätzen. *nemo voluptatem aspernatur aut odit aut fugit:* Die Konjunktionen *aut · aut* lassen den Ausdruck gewichtiger wirken.

Rhetorische Frage: Scheinfrage, die keine explizite Antwort verlangt, sondern die vom Leser/ Hörer im Kopf beantwortet wird: *quis iure eum reprehendit, qui dolorem fugiat?* Niemand würde (laut Sprecher) so jemanden kritisieren – die rhetorische Frage drückt eine Selbstverständlichkeit aus.

Tríkolon: Dreigliedriger Ausdruck: *Epicurus dicit nihil esse maius amicitia, nihil uberius, nihil iucundius:* Die drei Eigenschaften werden hier besonders hervorgehoben.

Namensregister

Agamémnon: König von Mykene; führte die griechischen Truppen vor Troja.

Akademie: Schule Platons in Athen.

Apollon: Griechischer Orakelgott mit Hauptheiligtum in Delphi.

Aristóteles (384–324 v. Chr.): Griechischer Philosoph und bedeutendster Schüler Platons; hatte in Athen seine Schule (Peripatos).

Athēnae: Athen.

Titus Pomponius **Atticus:** reicher Geschäftsmann und Bankier; enger Vertrauter Ciceros.

Marcus Iūnius **Brūtus** (85–42 v. Chr.): Freund Ciceros und einer der Mörder Caesars.

Marcus Porcius **Catō** Uticēnsis (95–46 v. Chr.): Der jüngere Cato; Politiker und Anhänger der Stoa; Feind Caesars; beging 46 v. Chr. im Bürgerkrieg gegen Caesar Selbstmord.

Lūcius Tullius **Cicerō:** Vetter Ciceros; starb 68 v. Chr. als junger Mann.

Quīntus Tullius **Cicerō:** Bruder Ciceros; starb 32 v. Chr.

Cūmae: Stadt in Kampanien mit einem Orakel-Heiligtum der Sibylla.

Demokrít/Dēmocritus (ca. 460–370 v. Chr.): Griechischer Philosoph aus Abdera; Schüler des Leukipp; entwickelte die Atomlehre weiter.

Diāna: Griechisch = Artemis; Göttin der Jagd.

Epikúr/Epicūrus (341–271 v. Chr.): Griechischer Philosoph von Samos; gründete 306 v. Chr. in Athen seine Schule.

Gorgiās (ca. 485–380 v. Chr.): Griechischer »Sophist« bzw. Rede- und Philosophielehrer aus Leontinoi.

Herculāneum: Stadt in Kampanien am Fuße des Vesuvs; 79 n. Chr. durch einen Vesuv-Ausbruch verschüttet.

Horáz (65–8 v. Chr.): Römischer Lyriker aus der Zeit des Augustus.

Hyméttos: Berg in Attika; berühmt für seinen guten Honig.

Iphigénie: Tochter des mykenischen Königs Agamemnon.

Kalchas: Griechischer Apollon-Priester; nahm am Krieg gegen Troja teil.

Kampanien: Landschaft im südwestlichen Italien; berühmt für seine schöne Landschaft.

Karnéades/Carneadēs (ca. 214–129 v. Chr.): Griechischer Philosoph aus Kyrene; leitete die Platonische Akademie bis 137 v. Chr.

Leukípp/Leucippus (5. Jh. v. Chr.): Griechischer Philosoph; entwickelte die Atomlehre.

Lukréz/T. Lucrētius Cārus (erste Hälfte 1. Jh. v. Chr.): Römischer Dichter und Philosoph; Anhänger Epikurs und Verfasser des Lehrgedichts *De rerum natura*.

L. Licīnius **Lucullus** (ca. 117–57 v. Chr.): Römischer Politiker und Feldherr; bekannt besonders als Liebhaber erlesener Speisen; Besitzer einer großen Bibliothek.

Philodém/Philodēmus (ca. 110–40 v. Chr.): Griechischer Philosoph aus Gadara; Anhänger Epikurs.

M. Pūpius **Pīsō** Frūgī Calpurniānus: Römischer Patrizier; im Bürgerkrieg Caesar-Gegner und mit Pompejus verbündet.

Platon (427–347 v. Chr.): Griechischer Philosoph und berühmtester Schüler des Sokrates. Gründete in Athen eine eigene Schule (Akademie).

Prōtágorās (ca. 480–410 v. Chr.): Griechischer »Sophist« bzw. Rede- und Philosophielehrer.

Sīrō(n) (1. Jh. v. Chr.): Epikureischer Philosoph, der bei Neapel in Kampanien eine eigene Schule unterhielt.

Sókrates/Sōcratēs (470–399 v. Chr.): Athenischer Philosoph und Lehrer Platons.

Theophrást/Theophrāstus (371–287 v. Chr.): Griechischer Philosoph und Schüler des Aristoteles; leitete dessen Schule (Peripatos) nach Aristoteles' Tod.

L. Manlius **Torquātus:** Römischer Patrizier und Anhänger Epikurs; Feind Caesars; beging 46 v. Chr. im Bürgerkrieg gegen Caesar Selbstmord.

C. Valerius **Triārius:** Gegner Caesars; fiel 48 v. Chr. im Kampf gegen Caesar bei Pharsalos.

Tullia: Ciceros Tochter (gestorben 45 v. Chr.).

Tusculum: Vorort Roms in den Albaner Bergen; Sitz vieler Villen reicher Römer.

Vergíl (70–19 v. Chr.): Dichter aus der Zeit des Augustus; dichtete u. a. die *Aeneis.*

Xerxes (regierte 486–465 v. Chr.): Persischer Großkönig, der 480 v. Chr. einen verlustreichen Feldzug gegen Griechenland unternahm.